W0365644

-

Marlies Smits
Der Gentleman – Knigge
Regeln für den modernen Mann

-

Bibliografische Information der Deutschen Bibliothek
Die Deutsche Bibliothek verzeichnet diese Publikation in der Deutschen Nationalbibliografie; detaillierte bibliografische Daten sind im Internet über http://dnb.ddb.de abrufbar.

Marlies Smits
Gentleman Knigge
Regeln für den modernen Mann

Berlin: Pro BUSINESS 2007

ISBN 978-3-86805-025-7

1. Auflage 2007

© 2007 by Pro BUSINESS GmbH
Schwedenstraße 14, 13357 Berlin
Alle Rechte vorbehalten.
Produktion und Herstellung: Pro BUSINESS GmbH
Gedruckt auf alterungsbeständigem Papier
Printed in Germany

www.book-on-demand.de

Vorwort

Ein Gentleman weiß Bescheid über Stil und Lebensart. Sicheres Auftreten und souveräner Umgang mit seinen Mitmenschen sind ihm wichtig.
Er weiß genau, dass es sich manchmal in Sekundenbruchteilen entscheidet, ob sein Anliegen Erfolg haben wird.
Im Berufsleben, in der Partnerschaft, auf dem gesellschaftlichen Parkett, der Gentleman hebt sich durch ausgezeichnete Manieren ab. Ihm geht es allerdings nicht darum sich sklavisch an die Regeln zu halten, vielmehr betrachtet er diese nur als Richtlinien, um mit dem angemessenen Verhalten Sympathie zu wecken und eine gute Atmosphäre zu schaffen. Er verhält sich immer diplomatisch und reagiert in brenzligen Situationen mit Fingerspitzengefühl.
Der Gentleman, und der Mann auf dem Weg dorthin, lernen in diesem Ratgeber die Werkzeuge des guten Benehmens kennen und nutzen. Er bekommt Antworten auf viele Fragen und erfährt, welche Spielregeln heute gelten. Dann kann er in Zukunft in kritischen Situationen taktvoll reagieren und bewegt sich stilvoll und sicher auf jedem Parkett.

1. A

1.1 Abendkleidung

'Abendkleidung erbeten' – Ein Satz, der viele Männer ins Grübeln bringt, wenn sie ihn auf einer Einladung lesen. Aber so schwer ist das gar nicht.

Wenn der Kleidungsvermerk Abendkleidung oder festliche Garderobe lautet, steht Ihnen die gesamte Palette der Abendgarderobe zur Verfügung. Vom Smoking über das Dinnerjackett (die sommerliche Variante des Smokings) und das Long-Jackett bis zum Spencer oder dem schwarzen Anzug ist alles erlaubt.

Der schwarze Anzug wird am Abend durch eine Weste, eventuell mit passendem Plastron und Einstecktuch, noch festlicher. Der Smoking wird mit Smokinghemd und Fliege getragen, außerdem gehört entweder die Weste oder der Kummerbund dazu.

Zum Frack, der bei uns in Deutschland immer seltener getragen wird, gehören die weiße Fliege, das weiße Frackhemd und die weiße Frackweste – und natürlich schwarze Lackschuhe.

Smoking und Frack sind Kleidungsstücke, die nur am Abend getragen werden.

Kleidungshinweise auf Einladungen sind immer bindend. Wenn also der Smoking als Kleidungsvermerk gefordert ist, muss auch der Smoking getragen werden. Der Vermerk 'Black tie', 'Cravatte Noir', oder 'Tuxedo' sind Bezeichnungen für den Smoking. 'White tie' oder 'Cravatte blanche' bedeuten Frack.
Ein guter Gast achtet darauf, nicht besser gekleidet zu sein als der Gastgeber.

1.2 Abkürzungen

Zu viele Abkürzungen machen einen Text schwer lesbar und laden oft zum Rätselraten ein. Vermeiden Sie also lieber ein Zuviel. Gebräuchliche Abkürzungen wie 'z.B.' oder 'usw.' werden in Maßen akzeptiert, ein 'sgDuH' (gibt's wirklich und soll sehr geehrte Damen und Herren abkürzen) eher nicht.
Auf Einladungen finden sich häufig Kürzel wie 'U.A.w.g.' oder 'R.s.v.p.'. Hier wird um Antwort auf die Einladung gebeten. Eine Uhrzeitangabe mit dem Zusatz 's.t.' (sine tempore) bedeutet, dass Ihr Erscheinen pünktlich erwartet wird. Lesen Sie hingegen 'c.t.' (cum tempore), haben Sie einen zeitlichen Spielraum von etwa 15 Minuten, dem sogenannten akademischen Viertel.

Vor der Unterschrift in Geschäftsbriefen finden Sie folgende offiziellen Abkürzungen

'ppa'	per Prokura
'i. V.'	in Vollmacht (wird in Unternehmen verliehen), in Behörden: in Vertretung
'i. A.'	im Auftrag

Auch im E-Mail-Verkehr gibt es Abkürzungen. Beispielsweise das allgemein bekannte 'asap' (as soon as possible) oder 'cu' (see you), um nur zwei zu nennen. Auch hier ist Sparsamkeit eine Zier. Verwenden Sie sie nur im vertrauten Freundes- und Kollegenkreis und nicht bei Kunden oder Vorgesetzten.

1.3 Absagen

Manchmal ist es wie verhext. Uns flattert eine Einladung ins Haus, und unserer Terminkalender ist für dieses Datum schon wegen Überfüllung geschlossen. Also heißt es, eine Absage zu formulieren. Schieben Sie dieses Vorhaben bitte nicht auf die lange Bank. Je früher Sie mitteilen, dass Sie an der Veranstaltung nicht teilnehmen können, desto besser. Begründen Sie Ihre Absage nachvollziehbar. 'Ich will meinen Hund an seinem Geburtstag nicht allein lassen', wäre keine gute Begründung.

Danken Sie für die Einladung und drücken Sie Ihr Bedauern aus, dass Sie nicht mitfeiern können.
Zu einer Absage gehört also:

Dank für die Einladung

Rechtzeitige Absage

Nachvollziehbare Begründung

Bedauern und Entschuldigung

1.4 Abschied

Ein Sprichwort sagt: 'Der erste Eindruck zählt, der letzte Eindruck bleibt'. Mit einer freundlichen und korrekten Verabschiedung bleiben Sie in guter Erinnerung. Wie bei der Begrüßung gibt es auch beim Abschied Rituale zu beachten.

Im beruflichen Bereich und im kleinen privaten Kreis gilt die hierarchische Reihenfolge. Das bedeutet, Sie verabschieden sich im Beruf (fast) immer erst von Ihrem Vorgesetzten und danach von den Kollegen. Im kleinen Kreis von bis zu fünf Personen sind danach zunächst die Älteren und dann die Damen an der Reihe. Dies hat auch im privaten Bereich Gültigkeit.

In größerer Runde geht es zwangloser zu. Zwar werden Sie sich auch hier zuerst von Ihrer Chefin, Ihrem

Chef verabschieden, aber dann machen Sie einfach der Reihe nach weiter.

Denken Sie daran: Das Signal zum Händedruck kommt von der ranghöheren Person. Dies gilt auch für den Abschied.

Hat ein überschaubarer Kreis (etwa zehn Personen) ein gemeinsames Geschäftsessen genossen, verabschiedet man sich eher per Händedruck als nach einem Meeting.

Wie im privaten Bereich, sind auch im Geschäftsleben die Gastgeberin und der Gastgeber die Personen, von denen Sie sich zuerst verabschieden (erst danach kommt der Chef!) und sich für die Veranstaltung bedanken. Ob Sie sich anschließend auch von den übrigen Gästen einzeln und persönlich verabschieden, hängt von der Größe der Gästezahl und der Art der Veranstaltung ab. Bei einem Empfang im großen Rahmen werden Sie anders handeln als bei einer Geburtstagsfeier mit acht Gästen.

Manchmal muss man auch aus persönlichen Gründen früher als üblich eine Feier verlassen. Um das Fest nicht zu stören oder gar zum allgemeinen Aufbruch zu animieren, ist es oft besser, sich nur unauffällig von den Gastgebenden zu verabschieden.

Die Sitte, sich aus einer gemütlichen Runde mit einem Klopfen auf den Tisch zu lösen, passt heute allenfalls für Kegelabende, Skatrunden oder Sportveranstaltungen. Besonders stilvoll ist sie nicht.

1.5 Adel

In der Rangfolge des Adels stand an erster Stelle der Kaiser als höchster Würdenträger, gefolgt vom König, der das Oberhaupt eines Stammes war. Der Herzog war der Vermittler zwischen Königen und Grafen. Sein Privileg war es zu adeln. Der nächste in der Rangfolge war der Fürst, den es auf weltlicher Ebene als Mark,- oder Pfalzgraf und im klerikalen Bereich als (Erz-)Bischof gab. Danach folgten der Graf und der Freiherr, der im Baltischen, in Österreich, Bayern und dem katholischen Teil Westfalens auch Baron genannt wurde.

Dies ist die Gruppe der 'titulierten' Adligen. Den 'untitulierten' Adligen wurde das 'von' oder 'zu' im Mittelalter durch Diplom verliehen. Dazwischen standen noch die Ritter und Edlen

Der Umgang mit Personen, die einen Adelstitel führen, ist nicht immer leicht. Offiziell gelten die Adelstitel seit der Weimarer Verfassung nur noch als Bestandteil des Namens. Das Vorrecht der Geburt ist aufgehoben und Adelsbezeichnungen werden nicht

mehr verliehen. Das heißt, Bezeichnungen wie Hoheit, Durchlaucht oder Hochwohlgeboren sind abgeschafft. Im höflichen, gesellschaftlichen Umgang mit den entsprechenden Personen werden sie aber trotzdem noch verwendet. Der einfachste Weg bei der Anrede adliger Personen ist zu fragen: 'Wie führen Sie Ihren Namen?' oder 'Ist es korrekt, wenn ich Sie mit ... anspreche?'
Als Faustregel bei der Verwendung eines Adelstitels gilt: Lassen Sie Bezeichnung Herr oder Frau und das Wörtchen 'von' in der Anrede weg: 'Guten Tag Fürstin Bismarck'.

1.6 Adresse

Das Anschriftenfeld eines Briefes ist in der DIN 5008 geregelt. Für die Adressangaben stehen uns danach höchstens neun Zeilen zur Verfügung. Den Anfang macht eine Vorausverfügung (persönlich) oder die Versendungsart (Einschreiben). Danach folgt eine Leerzeile. Weiter geht es mit der Anrede. Hier kann man zwischen der ein- oder zweizeiligen Form wählen:

'Herrn Landrat
Dr. Hugo Hurtig', oder

'Herrn Dr. Hugo Hurtig',

je nach dem, wie umfangreich die Adresse ist.

Nun könnte die Institutsbezeichnung folgen (Landratsamt Hierundda). Anschließend schreiben Sie das Postfach oder die Straße und Hausnummer.

Nach aktuellen Empfehlungen entfällt die gewohnte Leerzeile und es folgen gleich die Postleitzahl und der Bestimmungsort.

Wird der Brief ins Ausland versandt, steht darunter noch das Land. Verwenden Sie für diese Angabe Großbuchstaben und die deutsche Sprache.

Soweit die DIN-Norm. Aber das ist noch nicht alles:

'An' oder 'An die/das' entfällt

Empfängerbezeichnung 'Herrn' oder 'Frau' ist Pflicht

Abkürzungen wie 'H.', 'Hr.', oder 'Fr.' gelten als unhöflich

Zusatz 'z.H.' oder 'zu Händen' entfällt

Ehepaare werden einzeln angeschrieben

Die Bezeichnung 'Eheleute' entfällt

Im privaten Bereich wird die Dame zuerst genannt

Im Businessbereich wird der Ranghöhere zuerst genannt

Auf den Zusatz 'Firma' sollte verzichtet werden, wenn deutlich erkennbar ist, dass es sich um ein Unternehmen handelt

Im Adressfeld werden alle Titel des Adressaten genannt und ausgeschrieben. Eine Ausnahme macht der 'Dr.': 'Frau Professorin Dr. Sabine Gräfin von Rantzau'.

Der Zusatz 'c/o' (care of) ist im innerdeutschen Schriftverkehr nicht üblich

Das Länderkürzel vor der Postleitzahl entfällt

1.7 Akademiker

Menschen, die einen Anspruch auf einen akademischen Grad erworben haben, sollten auch mit Ihrem 'Titel' angesprochen werden. Allgemein hört man oft, dass der akademische Grad zum Namen gehört. Das stimmt so nicht. Man kann sich zwar seinen Titel, der eigentlich gar keiner ist, in die Ausweispapiere eintragenlassen, hat aber keinen rechtlichen Anspruch auf die Nennung.

Das Gesetz der Höflichkeit sagt allerdings, dass der Titel genannt werden sollte. Bei mehrfachen wird nur der höchste genannt und bei Damen wird er in die weibliche Form gesetzt (Ausnahme Doktor). Akademiker der gleichen Fakultätsrichtung verwenden ihre Titel untereinander nicht.

1.8 Akkolade

Ursprünglich war die Akkolade eine feierliche Umarmung, wenn ein Ritter in einen Orden aufgenommen wurde. Daraus entstand die Sitte, sich mit Küsschen rechts und Küsschen links zu begrüßen.
Wenn Sie Ihre Freunde also mit einem oder zwei Wangenküssen begrüßen, dann ist das eine Akkolade. Diese gehört natürlich nicht ins Geschäftsleben, sondern bleibt dem privaten, gut bekannten Freundeskreis vorbehalten.

1.9 Alter

Das Alter eines Menschen ist im gesellschaftlichen Bereich ein Kriterium für seine hierarchische Stellung. In der Rangfolge steht das Alter nach der beruflichen Position an zweiter Stelle. Aber das Alter ist auch eine 'fettnäpfchenträchtige' Angelegenheit. Manchmal kann man sich da ganz gewaltig verschätzen. Die Regel sagt, Menschen, die etwa eine Generation – also 20 bis 25 Jahre, älter sind – werden als ranghöher eingestuft. Optisch ist das meistens kein Problem. Aber wenn Sie einen rüstigen, siebzigjährigen Herrn vor einer etwa dreißig Jahre alten Dame begrüßen, werden Sie vielleicht die süffisante Bemerkung 'Ladies first' ernten. Dabei haben Sie alles richtig gemacht. Ihr Gegenüber aber hat als Gentleman seinen Status als ältere Person dem der Dame untergeordnet. Hier ist Ihr Fingerspitzengefühl gefragt. Dass Sie niemanden, vor allem keine Damen, auf das Alter ansprechen, ist Ihnen sicher klar.

1.10 Anklopfen

Muss man bei geschlossenen Türen anklopfen? Nicht immer! Öffentliche Räume, wie Wartezimmer oder Schalterräume, betreten Sie ohne Klopfzeichen. Auch in Großraumbüros ist das Anklopfen nicht üblich. Andere geschlossene Bürotüren verlangen aber Diskretion. Warnen Sie also den Kollegen oder Chef mit einem Anklopfen vor. Sie müssen nicht auf ein 'Herein' warten; einen Augenblick nach dem akustischen Aufmerksamkeitssignal treten Sie einfach ein.

1.11 Anrede (persönlich)

Sprechen Sie die Menschen mit ihrem Namen an, das wirkt freundlich und persönlich. Wichtig: Verwenden Sie den richtigen Titel.
Für Frauen ist die Anrede 'Fräulein' veraltet. Das männliche Gegenstück war übrigens der Junker.

1.12 Anrede (Brief)

(Nur) der höchste Titel wird genannt und auch ausgeschrieben:
'Herr Prof. Dr. Dr. Müller' = 'Sehr geehrter Herr Professor Müller'.
Veraltet sind Anreden wie 'Sehr verehrter Herr XY', oder 'hochverehrte gnädige Frau ABC'.

1.13 Anruf

siehe Telefon

1.14 Anrufbeantworter

Wenn Ihr Gesprächspartner einen Anrufbeantworter installiert hat, ist es immer höflich, eine Nachricht zu hinterlassen – auch wenn man nur mitteilt, dass man es später noch einmal versuchen will.

Tipp zum Besprechen des AB: Klar und deutlich sprechen. Dem Anrufer mitteilen, welchen Anschluss er erreicht hat ('Hallo, ich bin nicht da. Lass Deine Nummer da. Ich ruf zurück', ist einfach unhöflich). Fassen Sie sich kurz – kein Anrufer möchte erst einen Satz aus Mozarts Violinkonzert hören, um dann zu erfahren, dass Max Mustermann nicht zu Hause ist.

Wenn Sie schon auf den Ton, nach dem gesprochen werden soll, hinweisen wollen (eigentlich wissen ja alle, wann wir losreden sollen), dann heißt es 'Signalton' – nicht 'Piepston'.

1.15 Anstoßen

Früher durfte nur mit Wein, Sekt oder Champagner angestoßen werden, heute geht das selbstverständlich auch mit Alkoholfreiem. Bei prickelnden Getränken kennt man auch die Regel, dass man auf das

Anstoßen verzichtet, um die Kohlensäure nicht zu entfernen.
Bitte stoßen Sie nicht quer über den Tisch oder als kleines Grüppchen innerhalb einer Tischgesellschaft an. In großen Gruppen ist das Anstoßen nicht üblich. Beim Candlelight Dinner mit der Angebeteten, oder zur Feier eines gelungenen Geschäftsabschlusses, ist es aber ein schöner Brauch. Wichtig dabei: Schauen Sie sich an, erheben Sie kurz Ihr Glas und prosten Sie sich zu. Dann trinken Sie einen Schluck und heben noch einmal das Glas leicht an. Es folgt ein weiterer Blickkontakt, bevor das Glas abgestellt wird. 'Zum Wohl' oder 'Auf Dein / Ihr Wohl' ist die stilvollste Bemerkung, die Sie dazu machen können. 'Prost' oder 'Prosit' ist etwas volkstümlicher.
Mit Bier wird übrigens nicht angestoßen.

1.16 Anzug

Zu einem korrekt gekleideten Mann gehört im Berufsleben der gut sitzende Anzug. Kaufen Sie die beste Qualität, die Sie sich leisten können und achten Sie auf einen perfekten Sitz. Häufige Passformsünden sind zu lange Ärmel beim Sakko und Hosenbeine, die zu sehr auf dem Schuh aufliegen.

Für hochoffizielle Anlässe eignet sich ein Einreiher, eventuell mit Weste, in anthrazit, dunkelgrau, dunkelblau oder schwarz mit Nadelstreifen. Dazu kombinieren Sie das weiße Hemd mit Kent- oder Haikragen und selbstverständlich eine Krawatte.
Die halboffizielle Variante (auch Straßenanzug genannt) wird ohne Weste getragen. Hier können Pepita-, Fischgrät-, Hahnentritt- oder Glencheckmuster getragen werden. Auch eine Kombination aus Stoffhose und einem dazu passenden Sakko ist möglich. Ebenso klassisch ist der dunkelblaue Blazer zur grauen Hose.

1.17 Aperitif

Ein Aperitif soll eine Einstimmung auf ein anschließendes Essen sein. Er darf also nicht sättigen, wie ein Cocktail und auch nicht hochprozentig sein, weil der Magen ja noch leer ist.
Günstig ist eine frische, prickelnde Variante. Prosecco, Kir Royal oder Champagner sind eine gute Wahl. Sie können auch einen Sherry oder einen Martini anbieten.

In einer kleinen Runde warten Sie, bis der Gastgeber sein Glas erhebt, bei größeren Veranstaltungen dürfen Sie gleich trinken.
Tipp: Behalten Sie immer soviel im Glas, dass Sie nach den Begrüßungsworten den anderen Gästen zuprosten können. Das Aperitifglas bleibt immer stehen, wenn zu Tisch gebeten wird.

1.18 Appetit

Einen guten Appetit wünschen wir unseren Tischgenossen nur noch im kleinen Rahmen, etwa, wenn Sie Freunde 'bekocht' haben. Im öffentlichen Raum, zum Beispiel bei einer größeren Veranstaltung, wird auf diesen Wunsch verzichtet. Der Gastgeber beginnt einfach mit dem Essen und gibt damit das Startsignal für alle. Besonders stillos wäre es, wenn Sie nun, weil es ja so still ist und niemand etwas sagt, selbst die Initiative ergreifen und als Gast 'Guten Appetit' wünschen.
Bei Geschäftsessen können Sie als Gastgeber, bevor Sie mit dem Essen beginnen, das Glas erheben und den Anlass mit ein paar freundlichen Worten würdigen.

1.19 Aufstehen

Zur Begrüßung erheben Sie sich vollständig. Ein nur angedeutetes Aufstehen sagt dem Anderen, dass Sie zwar wissen, dass Sie sich erheben sollten, aber Ihnen diese Mühe für ihn nicht nötig erscheint. Manchmal sitzt man allerdings ziemlich eingeklemmt an einem Tisch, dann reicht das angedeutete Aufstehen, sollte aber ggf. mit einer entsprechenden Bemerkung kommentiert werden.

1.20 Ausland/Geschäftsreise

Vor der Geschäftsreise sollten Sie auf jeden Fall Informationen über das jeweilige Land sammeln:

Sprache
Politisches System
Religion
Ge- und Verbote
Kultur und Tradition
Geschäfts- und Verhandlungsgepflogenheiten

Westliche Verhaltensnormen werden in den meisten Fällen akzeptiert. Ebenso selbstverständlich sollten wir andere Gewohnheiten akzeptieren.

Pünktlichkeit wird von Deutschen immer erwartet.

Tabu-Themen sind Politik, Religion, interne Konflikte. Respektieren Sie die Privatsphäre Ihrer Geschäftspartner.

Eine Einladung nach Hause gilt als eine Auszeichnung. Deshalb sollten Sie diese nicht ausschlagen!

Gastgeschenke, die erkennbar aus Deutschland kommen, sind beliebt. Auch mit Blumen sind Sie willkommen. Diese werden z.B. in Großbritannien, Kanada und den Niederlanden mit dem Papier überreicht.

1.21 Ausreden

Manchmal braucht man eine Ausrede, um sich aus einer ungenehmen Situation zu befreien. Eine gute Ausrede ist plausibel, wird souverän vorgetragen und ist auf keinen Fall peinlich für Sie oder Ihren Gesprächspartner. Verwenden Sie Ausreden nur im Notfall und lassen Sie sich nicht bei faulen Ausreden erwischen.

1.22 Autofahren

Ein Gentleman mit Stil vergisst auch im Straßenverkehr seine guten Manieren nicht. Im Nahkampf um Vorfahrt, Parkplatz oder Schnellstart an der Ampel bleiben Sie gelassen. Höflichkeit am Steuer hilft nicht nur den anderen, auch Sie selbst fahren entspannter und sicherer durch die Rush Hour. Es ist doch viel souveräner, dem Drängler auf der Autobahn Platz zu machen als nun gerade extra langsam zu fahren, weil es hier ja eine Geschwindigkeitsbegrenzung gibt. Auch im Straßenverkehr haben wir keinen Erziehungsauftrag!

Der Zustand Ihres Autos lässt Rückschlüsse zu. Mit einem gepflegten, sauberen Fahrzeug – außen und innen – dokumentieren Sie, dass Sie nicht nur Ihr persönliches Äußeres instand halten, sondern auch die Dinge, mit denen Sie sich umgeben.

Nun ist ja für viele Menschen das Auto auch ein Statussymbol, was aber bitte nicht heißt, dass Sie damit protzen. Understatement ist eine der Tugenden des stilvollen Mannes. Egal, wie stolz Sie auf Ihren 7-er BMW, Jaguar oder auf Ihre neue S-Klasse sind, hängen Sie es nicht an die große Glocke.

Sicher sind Sie nicht nur allein unterwegs sondern manchmal auch in weiblicher Begleitung. Trotz Fernentriegelung ist das Öffnen einer Autotür genauso höflich, wie das Türaufhalten in Gebäuden. Gehen Sie dann vorn um den Wagen herum, um selbst einzusteigen. Der Ehrenplatz im Auto ist übrigens der Platz hinten rechts. Hier würde ein Geschäftspartner Platz nehmen, den Sie vom Flughafen abholen. Aber vielleicht möchte er ja lieber vorne bei Ihnen sitzen; lassen Sie ihm sie Wahl.

2. B

2.1 Bankett

Ein Bankett ist ein festliches Abendessen, bei dem ein mehrgängiges Menü serviert wird. Es beginnt zwischen 19.00 und 20.00 Uhr und dauert etwa vier bis fünf Stunden. Hier wird Ihnen auf die Finger geschaut; also unbedingt die 'Sonntags-Tischmanieren' auspacken.

Erscheinen Sie pünktlich und halten Sie durch. Vorzeitiges Verabschieden ist nur mit einer wirklich guten Begründung erlaubt.

2.2 Beerdigung

Ein Thema, über das niemand gerne spricht. Wenn Sie zu einer Beerdigung gehen, achten Sie auf angemessene dunkle Kleidung. Je enger das Verwandtschaftsverhältnis zum Verstorbenen war, desto konsequenter wird die Farbe schwarz eingehalten.

Erscheinen Sie unbedingt pünktlich und tragen Sie sich in das ausliegende Kondolenzbuch ein. Ihr Handy hat für diesen Anlass heute Urlaub.

Lassen Sie Blumen oder Kränze besser schicken. Wer sie selbst mitbringt, sollte sie eine halbe Stunde vor der Trauerfeier abgeben.
Manchmal wird um eine Spende anstatt von Kränzen gebeten. Respektieren Sie diesen Wunsch.

siehe Trauer

2.3 Begrüßen

Im Gegensatz zum Grüßen schließt das Begrüßen den Körperkontakt ein. Das kann ein Händedruck, eine Umarmung oder auch ein Handkuss sein.
Es gibt noch einen weiteren Unterschied zum Grüßen: Wir haben eine andere Rangfolge. Die ranghöhere Person gibt das Signal zum Händedruck. Achten Sie also darauf, dass Sie einer Dame im Privatleben nicht so einfach die Hand zur Begrüßung hinstrecken. Die Entscheidung für den Handschlag liegt bei ihr.
Innerhalb einer Gruppe begrüßen Sie alle auf die gleiche Weise. Beginnen Sie bei den Personen die Sie kennen. Die Ausnahme dieser Regel: Ein Gastgeber begrüßt seine Gäste zuerst.

2.4 Bekanntmachen

siehe vorstellen

2.5 Bekleidungsvermerk

Sie finden Ihn hoffentlich auf jeder Einladung, den Bekleidungsvermerk. Er gibt uns Informationen, in welchem Rahmen eine Veranstaltung stattfindet. Manchmal ist es allerdings schwierig zu ergründen, was die einzelnen Formulierungen bedeuten

Casual:

halboffizieller Geschäftsanzug ohne Krawatte oder hochwertige Freizeitkleidung

Straßenanzug:

halboffizieller Geschäftsanzug

Dunkler oder Business Anzug, Business attire:

offizieller Geschäftsanzug

Abendanzug:

schwarzer Anzug evt. mit festlicher Weste, Smoking, Dinnerjackett (im Sommer)

Black Tie, Cravatte noir, Tuxedo:

Smoking

Gr. Gesellschaftsanzug, Cravatte blanche, White Tie:

Frack / weiße Fliege

2.6 Benehmen

Gutes Benehmen ist eine Frage der persönlichen Einstellung. Wir alle haben eine ungefähre Vorstellung davon, wie gutes oder schlechtes Benehmen aussieht. Freundlichkeit, Höflichkeit, Takt und Rücksicht gehören genauso dazu, wie Toleranz und Respekt. Dazu kommt das Einhalten gewisser Regeln, die in unserer Gesellschaft als normal gelten. Man tut gewisse Dinge einfach nicht. Bohren in der Nase, vordrängeln, Türen schlagen, rülpsen, laute Geräusche machen; die Liste könnte unendlich fortgesetzt werden. Zum Stichwort 'Benimm' gibt es einen klugen Satz von Francis Bacon: 'Zusammenfassung des guten Benehmens: Die eigene Würde bewahren ohne die Freiheit des Anderen zu zerstören'.

2.7 Betriebsfest

Eine Feier im Betrieb / Unternehmen, egal, ob sommerliches Barbecue oder festliche Weihnachtsfeier, hat nie nur privaten Charakter. Sie feiern mit Vorgesetzten und Kollegen und befinden sich noch im beruflichen Kontext, auch, wenn die Veranstaltung in Ihrer Freizeit stattfindet. Beachten Sie also Rangfolgen

und Hierarchie-Ebenen. Ihr Vorgesetzter ist hier Primus inter Pares – Erster unter Gleichen –
Erscheinen Sie pünktlich und kleiden Sie sich dem Anlass entsprechend. Zeigen Sie Ihre gute Laune; behandeln Sie Ihre Mitmenschen höflich und gehen Sie mit einem Lächeln auf andere zu.

Menschen, die nur mit den Kollegen aus der eigenen Abteilung zusammen 'klüngeln', erweckten oft den Eindruck alsob sie über andere lästern würden. Das wirkt immer negativ. Nutzen Sie die Veranstaltung lieber, um mit möglichst vielen Kollegen – auch aus anderen Abteilungen – ins Gespräch zu kommen.

Sicher wird Ihr Gastgeber in irgendeiner Form für Ihr leibliches Wohl sorgen. Verhalten Sie sich auch am Büfett rücksichtsvoll und glänzen Sie mit tadellosen Tischmanieren.

Beim Alkohol sollten Sie vorsichtig sein, damit aus dem Morgen nach dem Fest nicht der schlimmste des ganzen Jahres wird.

2.8 Bewirtung im Restaurant

Gäste im Restaurant zu bewirten ist eine schöne Möglichkeit des geselligen Beisammenseins, ohne einkaufen, kochen und aufräumen zu müssen. Planung muss aber auch hier sein. Wählen Sie das Restaurant sorgfältig aus. Die folgenden Kriterien sind wichtig:

Anbindung an das Verkehrsnetz

Angebot regional / national / international

Qualität der Speisen

Ambiente

Publikum

Preis / Leistung

Sauberkeit

Service

Natürlich spielen auch im Restaurant Ihre Gastgeberpflichten eine Rolle. Helfen Sie Ihren Gästen bei der Garderobe oder sorgen Sie dafür, dass der Service es tut. Bieten Sie Plätze an und achten Sie auf das Wohlbefinden Ihre Gäste. Bei der Bestellung geben Sie Hinweise darauf, in welchem preislichen Rahmen die Speisen liegen können. Mit der Bemerkung: 'Die Seezunge ist hier ausgezeichnet', machen Sie deutlich, dass es ruhig etwas teurer sein darf. Auch das Angebot einer Vorspeise oder die Aussicht auf ein Dessert stecken den Rahmen ab.

Beim Bezahlen ist Diskretion gefragt. Entweder Sie regeln das Finanzielle am Tisch, ohne dass jemand die Summe erfährt oder Sie gehen zum Service und begleichen die Rechnung dort. Dies ist die stilvollere

Variante, die gleichzeitig den Vorteil hat, dass Sie die Rechnung in Ruhe prüfen können, ohne, dass Ihre Gäste den Eindruck bekommen, zuviel bestellt zu haben.

2.9 Bitte

Eines der Zauberwörter. Sein Partner heißt 'Danke', und beide sind im höflichen Umgang miteinander ausgesprochen wichtig.
'Reichst du mir bitte mal das Salz?', klingt doch viel freundlicher als: 'Kann ich mal das Salz haben?'

2.10 Blickkontakt

Andere offen und freundlich anschauen, also Blickkontakt aufzubauen, ist eines der Geheimnisse, wenn es um einen guten Eindruck geht. Sie zeigen damit Selbstsicherheit und vor allen Dingen Interesse am Anderen. Er fühlt sich wahrgenommen. Ein Gefühl, dass wir alle schätzen, jedenfalls bis zu einem gewissen Punkt. Wenn aus Blickkontakt anstarren wird hört der Spaß auf und das Dominanzverhalten beginnt.

2.11 Blumen

Ein schönes Geschenk für viele Anlässe. Allerdings gilt es hier, einige Stolperfallen zu vermeiden. Der Strauß rote Rosen sollte der Liebsten vorbehalten bleiben. Bei der künftigen Schwiegermutter kommt er nicht so gut an. Wenn Sie nun denken: 'Na gut, dann bekommt sie eben weiße Rosen', sind Sie schon im nächsten Fettnäpfchen gelandet. Weiße Blumen zählen bei vielen Menschen zu den Friedhofs- oder Todesblumen.

Mit einem Strauß aus unterschiedlichen Blumen in dezenter Farbabstimmung machen Sie selten etwas falsch.

Bei größeren Veranstaltungen ist es schöner, einen Strauß vorab zu schicken. Mit einer schönen Karte können Sie sich für die Einladung bedanken und die Gastgeberin hat Zeit, sich über Ihren Gruß zu freuen. Wenn Sie Blumen persönlich überreichen, wird das Papier entfernt. Eine Manschette oder Folie bleibt natürlich dran.

2.12 Botschafter

Ein Botschafter ist der Repräsentant seines Landes. Wenn Sie ihr – oder ihm – auf dem gesellschaftlichen Parkett begegnen, sprechen Sie sie / ihn mit Excellenz an. Auch die etwas modernere Form 'Frau Botschafterin', 'Herr Botschafter' ist möglich.

2.13 Briefe

Auch im Zeitalter der digitalen Kommunikation hat ein Brief noch seine Daseinsberechtigung. Nur schreiben wir heute anders als noch vor zwanzig Jahren. Der Schreibstil hat sich geändert. Schreiben Sie Ihre Briefe leserfreundlich, aktiv und konkret. Vermeiden Sie gestelzte Formulierungen und Amtsdeutsch.
Geben Sie Ihrem Schreiben eine zeitgemäße und ansprechende Form. Professionalität beweisen Sie mit aktuellen Standards. Eine gute Hilfe ist hier die DIN 5008, in der die Regeln für den Schriftverkehr zusammengefasst sind.
Das Ihre Briefe in punkto Rechtschreibung, Grammatik und Zeichensetzung ohne Fehl und Tadel sind, ist für Sie sicher eine Selbstverständlichkeit.

2.14 Business Casual

...nennt sich ein neuer gelockerter Kleidungsstil. Das heißt nicht Freizeitkleidung, sondern bedeutet lediglich, dass auf das strenge Businessoutfit verzichtet werden kann. Sie dürfen die Krawatte im Schrank lassen, ein Poloshirt oder einen Rolli tragen. Auch das Sportsakko oder die Lederjacke sind hier nicht tabu. Was genau Sie tragen können, hängt von dem Dresscode in Ihrem Unternehmen und Ihrer beruflichen Position ab .Und natürlich davon, wie Ihr Arbeitstag gestaltet ist. Für eine wichtige Sitzung, ein Personalgespräch oder ein Meeting in einer Bank eignet dieser Stil sicher nicht.

2.15 Businesskleidung

Ihre berufliche Position wird durch Ihre Kleidung sichtbar. Es lohnt sich also einmal darüber nachzudenken, was Mann zu welcher Gelegenheit anzieht.

Nicht in allen Berufen herrscht Anzugspflicht. Ein Handwerker im Dreiteiler macht uns eher misstrauisch. Ihre Kleidung sollte also zu Ihrem Berufsbild passen und den Erwartungen der Kunden entsprechen.

Achten Sie auf ein gepflegtes Erscheinungsbild. Sauber, knitterfrei, intakt sind hier die Kriterien. Unterstreichen Sie Ihre Vorzüge z.B. mit der zu Ihrer Gesichtsform passenden Kragenform oder durch die 'richtige' Farbe. Gestatten Sie sich keine Stilsünden. Weiße Socken zum Anzug, Comicmotive auf der Krawatte, Sandalen mit Socken getragen, machen keinen kompetenten Eindruck.

Outfit bei offiziellen Anlässen:

Anzug, (evtl. dreiteilig), in anthrazit, grau, blau – perfekter Sitz, Muster uni, Nadelstreifen, oder dezentes Ton-in-Ton

Weißes Hemd mit Kent- oder Haikragen

Dezente Seidenkrawatte

evtl. farblich passendes Einstecktuch

Fesselsocken schwarz

Lederschuhe, schwarz - Oxford oder Budapester

Outfit bei halboffiziellen Anlässen

Anzug ohne Weste

Kombinationen möglich

Jackett kann gemustert sein

Unaufdringlichen Farben z.B. beige, mittelblau, braun

Blazer

Hemden dezent farbig, oder leicht gemustert

Andere Kragenformen wie Button-down- oder Tab-Kragen

Modische Krawatte

Lederschuhe schwarz oder braun

3. C

3.1 Canapé

Ein Canapé könnte eine besondere Art Couch sein, ist in diesem Zusammenhang aber ein kleines Häppchen, das zu einem Empfang oder einer Party gereicht wird. Essen Sie es einfach aus der Hand, versorgen Sie sich aber vorher mit einer Serviette.

3.2 Charisma

Die persönliche Ausstrahlung eines Menschen, sein 'gewisses Etwas', bezeichnen wir als Charisma, manchmal auch als Charme. Das Wort stammt aus dem altgriechischen und bedeutet: Aufmerksamkeit auf sich ziehen.

Hier nun Eigenschaften, die Ihr Charisma fördern:

Selbstsicherheit
Ausgeglichenheit
Kommunikationsstärke
Begeisterung
Glaubwürdigkeit
persönliche Anziehungskraft

Mit diesen Eigenschaften sind Sie in der Lage, Aufmerksamkeit auf sich zu ziehen und festzuhalten. Charisma ist ein echter Erfolgsfaktor. Es lohnt sich also, etwas dafür zu tun.

3.3 Casual

Die Bezeichnung 'casual' gehört zu den Bekleidungsvermerken. Ein Begriff, der schon manchen in Verwirrung gestürzt hat, denn anscheinend versteht jeder etwas anderes darunter.
Gemeint ist hochwertige Freizeitkleidung, die niemals nachlässig wirken darf. Die Farben dürfen etwas bunter und die Materialen können weicher sein, als beim Businessdress. Auch bei den Schuhen ist die Auswahl größer. Mokassins, Slipper oder Loafer sind möglich. Der Tennis- oder Laufschuh bleibt aber im Schrank!
Statt der Anzughose wählen Sie eine Khaki-Chino, eine Cordhose oder eine normale Stoffhose. Manchmal darf es auch die Jeans sein. Ein einreihiges Sakko in marine, eine Lederjacke oder ein Tweedsakko, dazu Pullover oder ein sportliches Hemd. Die Auswahl ist groß und macht die Entscheidung schwierig. Der Griff in den Kleiderschrank ist für diesen Anlass oft eine Gratwanderung. Entscheiden Sie sich im Zweifel lieber für das repräsentativere Outfit.

3.4 Cut

Seine richtige Bezeichnung ist eigentlich Cutaway. Sie leitet sich von den abgeschnittenen Ecken des Gehrocks ab. Er ist das Pendant zum Frack, wenn eine festliche Veranstaltung am Tage stattfindet. Im Englischen heißt er daher auch Morningcoat .Sein kleiner Bruder ist übrigens der Stresemann, der getragen wird, wenn es nicht ganz so offiziell ist.

Zum Gehrock in schwarz oder grau wird eine helle Weste und eine gestreifte Hose getragen. Dazu kommen Krawatte oder Plastron. Ein grauer Zylinder komplettiert das Ganze. Und wer mag, trägt noch graue Lederhandschuhe dazu. So gekleidet sind Sie gut gerüstet für die nächste (Adels-)Hochzeit oder das Pferderennen in Ascot.

4. D

4.1 Dank

Zu den elementaren Dingen des guten Benehmens gehört es, sich zu bedanken.

Die Möglichkeiten für einen Dank sind vielfältig und variieren je nach Anlass.

Schon als Kind haben Sie gelernt, sich für Geschenke zu bedanken. Und der Pflichtbrief an die Patentante ist Ihnen sicher schwer gefallen.

Kleine Hilfestellungen, nette Aufmerksamkeiten oder eine gelungene Abendeinladung; alles Gelegenheiten, Danke zu sagen.

Für die meisten Menschen ist es selbstverständlich, sich für etwas Materielles zu bedanken. Aber auch nach einem festlichen Dinner oder einer großen Familienfeier sollten Sie sich beim Gastgeber bedanken. Das geht entweder mit einem Brief, einer Karte oder einem Telefonat. Hier kommt es auf die Art der Feier und auf Ihre Beziehung zum Gastgeber an. Je vertrauter die Beziehung, desto lockerer kann Ihr Dank ausfallen.

Manchmal ist es auch eine nette Geste, sich mit einem Blumenstrauß, Pralinen, oder einer Flasche

Champagner oder Ähnlichem für eine besondere Leistung zu bedanken.

Pflegen Sie Ihre 'Dankes-Kultur' und schaffen Sie so eine angenehme Atmosphäre.

4.2 Dauer von Veranstaltungen und Festlichkeiten

Art der Feier	Beginn	Dauer
Abendessen	18.00 bis 20.00 Uhr	3 – 4 Std. längstens bis 24.00 Uhr
Akademische Feier	11.00 Uhr	1 – 2 Std.
Arbeitsessen	12.30 od. 13.00 Uhr	ca. 1,5 Std.
Bankett	19.00 od. 20.00 Uhr	ca. 4 – 5 Std.
Brunch	11.00 bis 13.00 Uhr	ca. 2 Std.
Cocktailparty	18.00 bis 20.00 Uhr	ca. 2 Std.
Dinner / Diner	19.00 od. 20.00 Uhr	ca. 4 – 5 Std. längstens bis 24.00 Uhr
Empfang	11:00 oder 18/19.00 Uhr	2 Std.

4.3 Dekantieren

Weine werden vor dem Servieren in eine spezielle Karaffe, den Dekanter, umgefüllt. So wird dem Wein Sauerstoff zugeführt und er kann 'atmen', sein volles Aroma entfalten. Außerdem bleiben mögliche Rückstände in der Flasche.

Besonders Rotweine profitieren von diesem Verfahren. Einige Weinspezialisten empfehlen, den Wein erst kurz vor dem Servieren zu dekantieren.

4.4 Digestif

Dieses Getränk wird Ihnen nach einem Menu angeboten. Das Wort leitet sich aus dem französischen 'digerer' ab und bedeutet verdauen. Ihnen wird also ein – meist hochprozentiges – alkoholisches Getränk als 'Verdauungsschnaps' serviert.

Zu den Digestifs gehören:

Tresterbrände wie Cognac, Grappa …
Obstbrände wie Calvados, Obstler …
Klare Spirituosen wie Aquavit, Korn …
Kräuterbitter wie Ramazotti, Jägermeister …

4.5 DIN 5008

Schreib- und Gestaltungsregeln für die Textverarbeitung. Hier sind die Regeln für die Gestaltung von Geschäftsbriefen zusammengefasst. Sie finden Hinweise zum inhaltlichen Aufbau Ihrer Texte (Zum Beispiel Anschriftenfeld, Abkürzungen, Datumsschreibweise, Unterschrift oder Anlagenvermerk). In Behörden und Institutionen ist die Verwendung der DIN-Norm oft vorgeschrieben, für alle anderen ist sie eine Empfehlung. Das Werk wird regelmäßig aktualisiert.

4.6 Distanzzonen

Den richtigen Abstand einhalten ist manchmal gar nicht so leicht, hat doch jeder seine eigene Vorstellung davon, wie nahe man ihm kommen darf.

Natürlich spielt es eine Rolle, wie gut wir jemanden kennen. Gute Freunde und Verwandte lassen wir in unseren inneren Kreis, unsere Intimzone. Der Abstand zu ihnen beträgt hier höchstens 50 cm. Sie stehen uns im (sprich-) wörtlichen Sinne nahe.

Die persönliche Distanzzone liegt zwischen 50 und 120 cm und ist Menschen vorbehalten, die wir kennen, die uns aber nicht besonders nahe stehen. Vorgesetzte, Kollegen und Nachbarn gehören in diese Kategorie.

Noch größer wird der Abstand zu Personen, die wir nicht kennen. Die gesellschaftliche Distanz beträgt etwa 1,2 bis 3,5 Meter. Man beobachtet sie häufig im öffentlichen Leben. In der Schlange vor der Supermarktkasse achten leider nicht alle darauf.

Versuchen Sie, diese Distanzzonen einzuhalten und rücken Sie den anderen nicht so dicht auf die Pelle. Das Bedürfnis nach Nähe ist nicht bei allen Menschen gleich und den angemessenen Abstand einzuhalten, gehört zu den ungeschriebenen Gesetzen.

4.7 Doktortitel

Auch wenn Sie noch so stolz auf Ihren Doktortitel sind: Wenn Sie sich selbst vorstellen, lassen Sie ihn weg.

Sind Sie der Meinung, dass der Andere wissen sollte, dass Sie promoviert haben, überreichen Sie Ihre Visitenkarte. Das ist der elegantere Weg.

4.8 Dresscode

Leider sind die Dresscodes oft nicht klar geregelt. Aber im beruflichen, manchmal auch im privaten Bereich, werden sie von uns erwartet und spielen eine große Rolle; gerade auf der Karriereleiter.
Wir haben eine bestimmte Erwartungshaltung, wie der Handwerker gekleidet sein sollte, der unseren Abfluss repariert. Er muss praktisch und sauber angezogen sein. Im Anzug wäre er fehl am Platz. Auch der Chefarzt, der zur Visite in Golfkleidung erscheint, entspricht nicht unserem Bild von einem kompetenten Mediziner.
Orientieren Sie sich also an den Erwartungen Ihrer Kunden und Vorgesetzten. Finden Sie eine natürliche Einstellung zu den geltenden Dresscodes und passen Sie Ihre Kleidung den entsprechenden Anlässen an. Das hat überhaupt nichts mit 'Mitläufertum' zu tun.

4.9 Duzen

Du oder Sie – manchmal eine heikle Frage.
Als Kinder hatten wir alle kein Problem mit dem Du. Da waren alle Menschen 'Du'. Später haben uns un-

sere Eltern und Lehrer dann beigebracht, dass man nicht einfach jeden duzen darf. Erwachsene, die nicht zum Familien- oder näheren Bekanntenkreis gehörten, sollten wir nun siezen. Diese Regel gilt heute noch. Aber jetzt sind wir selbst erwachsen und manchmal ist das gar nicht so einfach mit der Anrede.

Innerhalb gewisser Gruppen, wie zum Beispiel in der Vereinsarbeit, im Fitnessstudio, in einer Selbsthilfegruppe oder in den Gewerkschaften, ist das Du allgemein üblich. Sonst gilt erst einmal, dass erwachsene Menschen sich siezen.

Wer dies nicht möchte, sollte das Thema zur Sprache bringen. Hier setzen dann aber auch die Schwierigkeiten ein. 'Wer darf das Du anbieten?' - 'Wie mache ich deutlich, dass ich geduzt werden möchte?' - 'Kann ich ein Du ablehnen?', sind häufig gestellte Fragen.

Das Signal, dass man geduzt werden möchte, ist einfach zu geben. Nennen Sie bei der Vorstellung (z.B. auf einer Party) nur Ihren Vornamen, ist das die Einladung zum Du.

Vorsicht allerdings im Berufsleben. Als neuer Kollege sollten Sie erstmal abwarten, was in der Abteilung üblich ist. Im Job gelten, anders als im privaten Bereich, streng hierarchische Regeln. Diejenigen, die in der beruflichen Rangfolge höher stehen, bieten das

Du an. Ein Assistent wird also nicht seine Abteilungsleiterin fragen: 'Eigentlich könnten wir uns doch duzen, oder?' Es gibt in diesem Zusammenhang aber auch Ausnahmen. In Firmen mit flachen Hierarchien gehört das Duzen oft zur Unternehmenskultur. Denken Sie nur an den Bereich der Werbung, oder an Firmen wie Ikea.

Im Privatleben brauchen wir uns heute nur noch eine Regel zu merken: Deutlich ältere Menschen (eine Generation älter) haben das Recht, zu entscheiden, ob sie sich mit Ihnen duzen möchten. Geringe Altersunterschiede oder das Geschlecht, spielen keine Rolle mehr. Übrigens wird heute auch nicht mehr 'Brüderschaft getrunken', womit dann der Bruderkuss auch entfällt.

Ein Du-Angebot darf selbstverständlich abgelehnt werden. Überlegen Sie sich aber, welche Folgen diese Ablehnung für Sie haben könnte. Gehen Sie diplomatisch vor und liefern Sie eine gute Begründung.

Manchmal ist das 'Hamburger Sie', nämlich der Vorname und das Sie, eine gute Lösung. Sie behagt aber nicht jedem. Fragen Sie also besser nach.

Nicht besonders stilvoll sind Äußerungen, die manchmal im Kaufhaus zu hören sind. Wenn ein 'Herr Meyer, kannst du dem Kunden mal die Bestel-

lung raussuchen' durch die Abteilung schallt, ist das alles andere als schön.
Noch schlimmer ist das Duzen von 'oben herab' – es ist distanz- und respektlos.
Die Du-Anrede ist vertraut und persönlich. Sie hilft, eine entspannte und lockere Atmosphäre zu schaffen. Im Gegensatz dazu wirkt das Sie professionell, respektvoll und distanziert. Überlegen Sie sich gut, für welche Anredeform Sie sich entscheiden, ein einmal angebotenes Du können Sie nicht zurücknehmen.

5. E

5.1 Einladung

Zu Feierlichkeiten, die im offiziellen Rahmen stattfinden, erhalten Sie meist eine schriftliche Einladung. Auch zu wichtigen privaten Festen flattert Ihnen meist ein Brief ins Haus. Da erfahren Sie das Datum und die Uhrzeit, den Anlass und, wenn Sie Glück haben, auch was Sie anziehen sollen.

Manchmal finden sich geheimnisvolle Abkürzungen auf der Einladung. Zum Beispiel 'U.A.w.g.' oder 'R.s.v.p.' Hier wird nur um Ihre Antwort gebeten, Einmal in deutscher Sprache 'Um Antwort wird gebeten' oder auf französisch 'Repondez s'il vous plait'. Als Gast gehört eine Zu- oder Absage zu Ihren Pflichten. Als Faustregel kann man sagen, dass eine Einladung immer auf dem gleichen Weg beantwortet werden soll, wie man sie erhalten hat. Viele Gastgeber machen es Ihren Gästen aber leicht und geben eine Telefonnummer an. Dann reicht ein Anruf völlig aus.

5.2 Einstand

Früher war der Einstand ein Muss, heute ist er nicht mehr überall üblich. Der ideale Zeitpunkt für das kleine gesellige Beisammensein mit den neuen Kollegen ist das Ende der Probezeit.

Am besten richten Sie sich nach den Gepflogenheiten im Team, bevor Sie entscheiden, ob Sie lieber zu Champagner und Häppchen oder zu Kaffee und Kuchen einladen. Erkundigen Sie sich vorher besser auch nach der Tageszeit, zu der normalerweise zu einem 'Umtrunk' eingeladen wird.

Achtung, nicht in jedem Unternehmen wird Alkohol toleriert; auch hier lieber nachfragen, was üblich ist.

5.3 Einstecktuch

Ein modisches Accessoire, das im Augenblick sehr im Trend liegt. Achten Sie darauf, dass es zur Krawatte passt, etwa in dem es eine Farbe davon aufnimmt oder auch kontrastiert. Ein Fauxpas wäre es aber, wenn es im gleichen Dessin der Krawatte gehalten ist. Dass die Bekleidungsindustrie solche Sets herstellt, macht die Angelegenheit nicht stilvoller.

Es gibt unterschiedliche Drapierformen für das kleine Quadrat. Entweder wird es so gefaltet und in der Brusttasche untergebracht, dass es etwa 1cm sichtbar ist. Das Material für diese Variante, den 'Italian Style', ist Leinen.
Die andere Möglichkeit ist ein Seidentuch bauschig und etwa 3 cm sichtbar aus der Brusttasche herausschauen zu lassen. Das heißt dann 'English Gentleman'. Nutzen Sie die Vielfalt des Angebots. In weniger offiziellen Situationen sieht auch ein Einstecktuch statt einer Krawatte sehr schön aus. Eine gute Möglichkeit, einen individuellen Stil zu pflegen.

5.4 E-Mail

Ein sehr großer Teil der geschäftlichen und privaten Korrespondenz wird heute über das schnelle Medium Internet erledigt. Das hat viele Vorteile, spart Zeit und Geld. Allerdings ärgert sich auch so mancher darüber, was ihm so präsentiert wird.
Eine geschäftliche E-Mail sollte genauso aussehen, wie der Brief, den Sie per Post an Ihren Geschäftspartner schicken würden. Es gibt eine Anredeformel (die allerdings etwas moderner ausfallen darf als das traditionelle 'Sehr geehrte Frau ...'), einen gut geglie-

derten kurzen Text und eine zeitgemäße Schlussformel. Selbstverständlich beachten Sie die Rechtschreibregeln und verzichten auf Abkürzungen.

Das hört sich alles ganz einfach und logisch an, die Wirklichkeit sieht aber oft anders aus. Deshalb kommt hier ein kleiner Leitfaden für die E-Mail-Korrespondenz:

Eine Mail braucht eine aussagekräftige Betreffzeile

Überprüfen Sie die Schreibweise der Mail-Adresse

Es ist höflich, eine (moderne) Anrede- und Schlussformel zu verwenden

'm f g' (Mit freundlichen Grüßen) wird ausgeschrieben

Duzen Sie nur Menschen, die Sie auch im persönlichen Gespräch mit dem Vornamen anreden

Ihr Text sollte klar formuliert und gut gegliedert sein

Groß-Kleinschreibung sowie Rechtschreibregeln beachten

Der Umgangston sollte höflich sein

Abkürzungen ('4u', 'asap', 'cu', 'btw', 'thx') möglichst vermeiden

Verwenden Sie keine Umlaute im internationalen Schriftverkehr (manchmal haben auch Mac-Rechner damit Probleme)

Nicht Jeden in alle Mails einkopieren

Bei Anhängen auf Größe und Format achten

Eine Signatur sollte keine Werbung enthalten

Aktualisieren Sie regelmäßig Ihren Virenschutz

Überprüfen Sie Ihren E-Mail-Eingang mindestens einmal täglich

Ihre Antwort wird ziemlich schnell erwartet

Liebeserklärungen, Lästereien oder Klatsch und Tratsch könnten im 'großen Verteiler' landen und peinlich werden

Kondolenzschreiben sind per E-Mail tabu.

5.5 Entschuldigung

Eine Entschuldigung ist immer dann fällig, wenn Sie jemanden gestört, belästigt oder in Verlegenheit gebracht haben. Gelegenheiten für eine Entschuldigung gibt es viele: Sie kommen fünf Minuten verspätet zum Meeting, Sie rempeln in der Kantine versehentlich den Kollegen an oder Sie treten irgendwo im Gedränge jemandem auf den Fuß ... Wichtig ist, dass Ihre Entschuldigung ernst gemeint ist. Verzichten Sie auf Floskeln und Übertreibungen. 'Ich bin absolut untröstlich' klingt nicht besonders ehrlich und kann unter Umständen sogar ironisch wirken. Ein einfaches: 'Entschuldigen Sie bitte' oder 'Entschuldigung' – vielleicht noch von einem Lächeln begleitet – reicht völlig aus.

5.6 Erster Eindruck

'Für den ersten Eindruck gibt es keine zweite Chance'. Ein geflügeltes Wort, in dem viel Wahres liegt. Der Eindruck, den wir innerhalb der ersten (höchstens) drei Sekunden vermitteln, ist entscheidend. Der Sympathiefaktor wird blitzschnell 'gecheckt' und wir landen in einer Schublade. Mit etwas Glück ist es die Richtige und wir kommen beim Gegenüber genauso an, wie wir sind. Wer in die falsche Schublade einsortiert wurde, hat viel Mühe, da wieder herauszukommen.

Der erste Eindruck wird von vielen Faktoren geprägt. Auf einige hat man keinen Einfluss, wie zum Beispiel die Körpergröße, die Gesichtsform oder das Alter. Andere Dinge sind – immer im positiven Sinne – durchaus zu verändern.

Die Meinungsbildung beginnt in Bruchteilen von Sekunden. Unser Gehirn scannt mit Hilfe des Auges die Botschaften des Bildes ein und speichert diese Informationen. Dieser Vorgang dient der Arterhaltung. Erst einmal wird nur entschieden, ob es sich um Freund oder Feind handelt und ob ein Signal in Richtung Fortpflanzung gegeben wurde.

Wenn der Arterhaltungstrieb bedient wurde, geht es ans Differenzieren. Wir schauen genauer hin. Welche optischen Signale werden uns geboten? Wie hört sich der Mensch an? Wie bewegt er sich? Mögen wir seinen spezifischen Geruch? Mit all diesen Fragen beschäftigt sich unser Unterbewusstsein, während wir lockeren Small Talk betreiben.

Ihr persönlicher Erfolg hängt in hohem Maß davon ab, wie Sie von Anderen wahrgenommen werden. Ob wir jemanden als charmant und selbstbewusst, bieder und zurückhaltend oder intelligent und erfolgreich einschätzen, hängt davon ab, wie er sich uns präsentiert. Achten Sie also auf eine offene Körpersprache, halten Sie Blickkontakt und vergessen Sie das Lächeln nicht. Auch die angemessene Kleidung und – nicht zuletzt – Ihre Sprache tragen zu einem sympathischen ersten Eindruck bei.

6. F

6.1 Farben

Unsere Welt ist bunt. Farben haben ihre Wirkung auf uns und andere. Jeder Mensch hat seine persönlichen Farben, die seine Vorzüge unterstreichen und Unvorteilhaftes in den Hintergrund stellen. Da ist eine individuelle Farb- und Stilberatung eine gute Investition, die sich lohnt.
Die Wahl der Farben für das Outfit ist sehr wichtig. Im Businessbereich herrschen dunkle, gedeckte Farben vor. Im 'modern Business' oder im halboffiziellen Bereich darf es auch etwas heller oder kräftiger gemustert sein.
Es gibt Situationen, in denen Sie einen kompetenten und seriösen Eindruck machen wollen. Greifen Sie dann zu den kühleren Farben blau oder grau. Wenn es um Nähe geht und Sie Vertrauen aufbauen wollen, sind wärme Farbtöne eine gute Wahl. Dunkle, kräftige Töne vermitteln mehr Power. Kontraste wirken als Präsenzverstärker. Da ist das weiße Hemd zum dunklen Anzug eine gute Wahl.

6.2 Fax

Das Faxgerät ist aus der beruflichen Kommunikation (heute noch) nicht weg zu denken. Ein schnelles und preiswertes Medium, um zeitnah schriftliche Nachrichten oder Skizzen zu verschicken. Es gelten ähnliche Regeln wie im E-Mail Verkehr.
Vermerken Sie auf der ersten Seite die Anzahl der Faxblätter und geben Sie einen Dringlichkeitshinweis, wenn es eilt. Witzige Faxvorlagen eignen sich nur für den vertrauten Bekannten- oder Kollegenkreis. Ansonsten gilt die Regel: Was telefonisch erledigt werden kann, darf auch über das Faxgerät versandt werden.

6.3 Fettnäpfchen

Wir tun alles, um die typischen Fallen des Alltags zu vermeiden – aber hin und wieder tappen wir doch in ein Fettnäpfchen. Möglichkeiten gibt es viele. Die Bandbreite ist sehr groß und reicht von verbalen Entgleisungen bis zu persönlichen Missgeschicken.
Aber wie kommt man aus einer peinlichen Situation am besten heraus? Wenn nur Sie allein betroffen sind, hilft eine Portion Humor oft weiter. Manchmal

klappt es auch, wenn Sie den Vorfall einfach übergehen und so tun als wäre nichts geschehen.
Anders ist es, wenn andere Menschen beteiligt sind. Um Verzeihung bitten, Hilfe holen (zum Beispiel bei einem umgestoßenen Weinglas), oder Wiedergutmachung anbieten sind Strategien, mit denen Sie dann weiterkommen. Versetzen Sie sich einfach in die Lage Ihres 'Opfers' und reagieren Sie so, wie Sie es in einer solchen Situation für sich selbst am angenehmsten empfinden würden.

6.4 Feuer geben

Jemandem Feuer zu geben war früher genauso eindeutig geregelt wie das Vorstellen. Es galten die Rangfolgen. Heute ist das zum Glück anders. Zwar bietet immer noch ein Herr einer Dame Feuer an aber umgekehrt kann das genauso funktionieren. Einen Fauxpas haben Sie übrigens begangen, wenn Sie der Dame mit deren eigenem Feuerzeug Feuer geben wollen. Als Kavalier haben Sie immer ein eigenes Feuerzeug oder Streichhölzer in der Tasche.
Im Allgemeinen gilt: Rauchende achten untereinander darauf, wer gerade Feuer sucht und helfen sich aus.

Zigarren oder Pfeifenraucher sorgen übrigens selbst für den entsprechenden Rauch, Hilfe ist hier nicht angebracht.

6.5 Fitnessstudio

Bei den Fitness-Studios gibt es enorme Unterschiede. Von der einfachen 'Mucki-Bude' bis zur Edelvariante ist die Auswahl groß. Für alle gelten aber gleiche Regeln im Umgang miteinander.

Das geht schon mit der Anrede los. Wundern Sie sich nicht, wenn Sie beim Einführungsgespräch geduzt werden. Das ist üblich und ganz normal. Also duzen Sie einfach zurück. Wer Seite an Seite schwitzt, hat schon viel gemeinsam.

Für den Sport werden Sie sich entsprechend kleiden. Das muss nicht die Luxus-Designer-Sportbekleidung sein, achten Sie lieber auf Funktionalität und Bequemlichkeit. Ein altes T-Shirt sollte hier auf keinen Fall eine Zwischenstation auf dem Weg zur Altkleidersammlung einlegen.

Wenn Sie sich zum Sport umziehen, achten Sie darauf, dass sich das Chaos in der Umkleidekabine in Grenzen hält. Ein kleiner Sprühstoß Deo nach einem

langen Arbeitstag und vor einem intensiven Training schadet nicht.
Überhaupt spielt der Geruch oder Duft im Sport eine große Rolle. Wer Sport treibt, schwitzt nun mal. Deshalb gibt es in jedem Studio Duschräume. Die sind für die Körperpflege nach dem Training oder vor dem Saunagang bestimmt. Sicher nicht, um genüsslich Pediküre zu betreiben oder sich zu rasieren. Da ist das häusliche Badezimmer der geeignete Ort. Achten Sie auf ein gewisses Maß an Ordnung und lassen Sie möglichst nichts herum liegen.
Apropos Sauna: Handtuch unterlegen ist Pflicht und Anmache tabu. In Großbritannien und den USA ist Badebekleidung in der Sauna vorgeschrieben – andere Länder, andere Toleranzgrenzen!
Wie immer, wenn Sie in Kontakt mit anderen Menschen kommen, sind während des Trainings Ihre guten Manieren gefragt. Ein freundlicher Gruß, offene Körpersprache und ein nettes Lächeln steigern Ihren Sympathiefaktor enorm. Bieten Sie ruhig einen Small Talk an, achten Sie aber auf die Signale der Anderen. So mancher braucht für sein Training Ruhe und Konzentration. Er unterhält sich lieber später an der Bar bei einem Fitnessdrink. Auch lautstarke Gespräche über mehrere Fitnessgeräte hinweg können sehr störend sein.

Achten Sie auf die richtige Distanzzone. Leicht bekleidet und verschwitzt ist das Raumbedürfnis für viele größer, als bei einem Plausch in der Mittagspause. Rücken Sie Ihren Mitmenschen also lieber nicht zu sehr auf die Pelle.

Sicher ist Ihnen schon aufgefallen, dass 'Fitnessprofis' immer ein Handtuch dabei haben. Es ist nicht dazu da, das Gerät, das Sie als nächstes nutzen wollen, zu blockieren (diese Unsitte ist nicht nur an den Swimmingpools der Ferienanlagen verpönt) sondern es wird bei jeder Übung unter oder an den Körper gelegt, um den entstehenden Schweiß aufzusaugen. Beim Bauchmuskeltraining gehört es also als Unterlage auf die Matte und nicht daneben. Übrigens sollten Sie die Geräte nach jeder Trainingseinheit desinfizieren. Entsprechendes Material steht überall griffbereit.

In den Abendstunden ist es in vielen Studios oft ziemlich voll und die Geräte sind entsprechend stark frequentiert. Nehmen Sie Rücksicht und blockieren Sie Ihr Lieblingsgerät nicht zu lange. Geben Sie auch den Anderen eine Chance.

6.6 Floskeln

Bei den Floskeln müssen wir Unterschiede machen. Es gibt eine ganze Reihe von Worten, die im höflichen Miteinander angebracht sind und auch erwartet werden.

Daneben gibt es aber auch Formulierungen, die einfach nicht mehr zeitgemäß sind oder zu wenig individuell. Ich denke da Bezeichnungen wie 'Gatte', 'werte Frau Mutter', 'meine Wenigkeit'.

Auch die Wörter 'sehr erfreut', 'habe die Ehre' oder 'angenehm' als Erwiderung auf eine Vorstellung, gehören nicht zu einer modernen Kommunikation. Wenn ein sehr alter Mensch sie verwendet, weil er das so gelernt hat, akzeptieren Sie eine solche Sprache natürlich und bekommen keinen Heiterkeitsausbruch. Behalten Sie einfach Ihre normale Formulierungsweise bei. Heute ist Individualität gefragt.

6.7 Frack

Der große Gesellschaftsanzug für den Abend ist der Frack. Er wird bei großen gesellschaftlichen Veranstaltungen getragen. Beim Wiener Opernball zum Beispiel herrscht Frackpflicht.

In einigen Berufen gehört der Frack zur Berufsbekleidung. Er unterscheidet sich dann aber in Details von der Abendkleidung. Der Oberkellner trägt beispielsweise eine schwarze Schleife, und die Saaldiener im deutschen Bundestag haben goldene Knöpfe an ihrem Frack, der in diesem Zusammenhang eine Livree ist.

Ein Frack besteht aus schwarzer Jacke mit Schwalbenschwänzen, einem Frackhemd und einer weißen Weste. Die Jacke wird offen getragen und das Hemd, das Sie vielleicht auch unter der Bezeichnung Vatermörder kennen, hat einen Stehkragen und eine einfache Manschette. Dazu tragen Sie eine weiße Schleife. Die Hose hat auf den Seitenseitennähten schwarze Seidenborten und keinen Umschlag. Sie wird mit Hosenträgern getragen.

Der korrekte Schuh zu diesem Outfit ist der schwarze Lackschuh.

Eine Taschenuhr komplettiert Ihre Erscheinung – eine Armbanduhr wäre stillos.

6.8 Freizeitkleidung

Auch bei der Freizeitgestaltung sollten Sie in Ihrem Outfit einen gepflegten Eindruck machen. Natürlich

dürfen Sie zu Hause so herumlaufen, wie Sie es wollen. So manche Beziehung ist aber schon gescheitert, weil ein Partner zu wenig Wert auf sein Äußeres gelegt hat und sich gehen ließ. Auch mit unserer Kleidung drücken wir unsere Wertschätzung für andere aus.
In der Freizeit kleiden Sie sich locker, leger und bequem. Wer mag, lässt auch die Mode ein Wörtchen mitreden. Hier haben Sie alle Möglichkeiten, nutzen Sie sie und mixen Sie mit Fantasie und Stilgefühl Ihr persönliches Wohlfühl-Outfit zusammen.

6.9 Freundlichkeit

'Freundlichkeit: Eine Sprache, die Taube hören und Blinde lesen können', sagte Mark Twain

Wir alle fühlen uns in Gesellschaft freundlicher Menschen wohler als mit miesepetrigen und übelgelaunten Leuten. Eine freundliche Atmosphäre aufzubauen ist eine Fähigkeit, um die man Sie beneiden wird.
Mit Achtung, Wertschätzung und Respekt anderen gegenüber fängt es an. Wenn dann noch eine positive Einstellung und echte Anerkennung hinzu kommen, führt Sie der Weg ins Ziel.

Merkmale echter Freundlichkeit sind außerdem Hilfsbereitschaft, Höflichkeit und ein offenes Lächeln.
Verhalten Sie sich Ihren Mitmenschen gegenüber aufmerksam, geduldig und liebenswürdig. Ein netter Gruß, eine Geste der Anteilnahme oder eine aufmunternde Bemerkung sind Möglichkeiten Ihr Image als freundlicher Zeitgenosse zu stärken.
Bitte nutzen Sie aber das freundliche Verhalten keinesfalls als Mittel zum Zweck. Hier geht es um echte und ernst gemeinte Freundlichkeit.

7. G

7.1 Gähnen

Den Mund weit aufreißen und ausgiebig gähnen. Dieses Verhalten werden Sie sich nur erlauben, wenn Sie allein und unbeobachtet sind. Der gut erzogene Mensch hält beim Gähnen, Husten oder Niesen die Hand vor den Mund – und zwar die linke. Mit der rechten begrüßt er ja andere mit einem Handschlag.

7.2 Gast

Es gibt viele Gelegenheiten, bei denen wir, auch im weitesten Sinne, Gäste sind. Da ist die Einladung zu einer Silbernen Hochzeit, die Jubiläumsfeier des Unternehmens in dem wir arbeiten oder der Termin mit einem Geschäftspartner in seiner Firma. Immer sollten wir 'geehrte Gäste' sein, um deren Wohl sich der Gastgeber sorgt. Aber nicht nur er ist in der Pflicht. Auch Sie als Gast haben Ihre Aufgaben.
Das beginnt schon mit der Einladung zu einer Feier. Es sollte selbstverständlich sein, auf eine Einladung zu antworten. Hier gilt die Faustregel, dass auf dem gleichen Weg geantwortet wird, auf dem eingeladen

wurde. Eine Einladung per E-Mail kann also getrost auf dem elektronischen Postweg beantwortet werden. Auf eine schriftliche Einladung per Fax oder SMS zu reagieren, ist allerdings ein grober Schnitzer.

Auf einer schriftlichen Einladung findet sich in den meisten Fällen ein Bekleidungsvermerk. Diese Hinweise sind bindend und ein höflicher Gast hält sich daran. Er erscheint im entsprechenden Outfit. Wenn wir ohne spezielle Einladung Gäste sind, z.B. Gast in einem anderen Unternehmen, Gast auf einem Kongress oder Gast bei einer Besprechung, empfiehlt es sich, die angemessene Kleidung zu wählen. Auch damit können wir unsere Wertschätzung dem Gastgeber gegenüber zeigen.

Pünktlichkeit ist ein weiterer Baustein auf dem Weg zum perfekten Gast. Hier liefert die Einladung wieder gute Dienste um herauszufinden, wann unser Erscheinen erwartet wird.

> Die Formulierung 'um ... Uhr' sagt, dass die Veranstaltung pünktlich zum angegebenen Zeitpunkt beginnt, Sie also weder zehn Minuten vorher noch fünfzehn Minuten später da sein sollten.
>
> 'Ab ... Uhr' erlaubt eine etwas lockerere Zeitgestaltung, hier ist späteres Kommen möglich.

'Von ... bis ... Uhr' bedeutet, dass die Gäste innerhalb des vorgegebenen Zeitrahmen kommen und gehen dürfen, wann sie möchten.

Als guter Gast begrüßen Sie die Gastgeberin und den Gastgeber zuerst. Achtung: Abwarten, dass Ihnen ein Händedruck angeboten wird und nicht mit ausgestrecktem Arm auf die Gastgeberin losstürmen. Wir nehmen erst Platz, wenn uns dieses angeboten wird. Sich ohne diese Aufforderung einfach auf einen Stuhl fallen zu lassen, ist schlechter Stil. Ein freundlich offeriertes Getränk anzunehmen, natürlich ohne schwierige Sonderwünsche zu äußern, gehört genauso zu den Aufgaben des Gastes, wie das Bemühen um freundliches, angemessenes und höfliches Verhalten.

Wir sollen zum Gelingen der Veranstaltung beitragen. Das bedeutet nicht nur die Small-Talk-Regeln zu beachten sondern auch, den anderen Gästen gegenüber Interesse zu zeigen; aber auch, niemanden vor den Kopf zu stoßen.

Wenn Sie sich verabschieden, gehört ein Dank an die Gastgeberin und den Gastgeber zum guten Ton. Sie können sich auch am nächsten Tag – eventuell mit einem Blumenstrauß – schriftlich für die gelungene Feier bedanken. Dies ist allerdings nur im gesellschaftlichen Bereich üblich. Im Berufsleben reicht ein mündlicher Dank beim Abschied.

7.3 Gastgeberpflichten

Als Gastgeber sorgen Sie dafür, dass es Ihren Gästen gut geht. Beachten Sie die folgenden Anregungen und Ihre Partys werden die beliebtesten der Gegend sein.

Ein engagierter Gastgeber ...

... begrüßt seine Gäste persönlich

... bietet Ihnen einen Platz an

... ist für das leibliche Wohl der Gäste verantwortlich

... erhebt als erster das Glas

... sorgt für eine angenehme Atmosphäre

... führt mit jedem Gast ein kleines Gespräch

... verabschiedet die Gäste und begleitet sie zur Tür

... bedankt sich für Aufmerksamkeiten, die Anwesenheit der Gäste, die nette Gesellschaft

7.4 Gastgeschenke

Mit der schönen Geste des Schenkens stimmen Sie Ihre Geschäftspartner positiv auf die Begegnung ein. Gastgeschenke sollten individuell und angemessen sein. Bewegen Sie sich im üblichen finanziellen Rahmen, um nicht in den Verdacht der Bestechung oder Vorteilnahme zu kommen. Ihre Geschenke sollen nicht übertrieben wirken oder gar als aufdringlich und anbiedernd empfunden werden. Achten Sie darauf, dass Ihr Geschenk nicht zu persönlich ist, sonst könnte es beim Auspacken im größeren Kreis vielleicht Peinlichkeiten geben. Berücksichtigen Sie bei der Auswahl auch religiöse und traditionelle Besonderheiten. Für Geschäftsbesuche ins Ausland eignen sich Präsente, die erkennbar aus Deutschland kommen besonders gut. Großflächige Werbeaufdrucke sind immer tabu.

Auch im gesellschaftlichen Bereich ist es üblich, ein Gastgeschenk mitzubringen. Das können Blumen, eine Flasche Wein oder Konfekt sein aber auch andere, liebevoll ausgesuchte Mitbringsel, die zum Anlass und zu Ihrem Verhältnis zum Gastgeber passen. Bei großen Feierlichkeiten kann es sinnvoll sein, Blumen vorab schicken zu lassen. Dann hat der Gastgeber keine Mühe mit dem Transport. Blumen werden in Deutschland ohne Papier überreicht. Topfblumen eignen sich nur im sehr vertrauten Rahmen oder zu Geschäftseröffnungen.

7.5 Garderobe

Früher war es für Herren selbstverständlich, einer Dame aus und in den Mantel zu helfen. Heute sind sich die Männer gar nicht mehr so sicher, ob diese Geste wirklich ankommt. Einige haben aus ihren schlechten Erfahrungen gelernt und lassen es einfach. Andere sind bloß unsicher. Selbstverständlich ist eine Frau durchaus in der Lage, sich ihren Mantel selbst anzuziehen. In den meisten Fällen wird sie es aber genießen, wenn 'Mann' ihr behilflich ist. Allerdings verfügt nicht jeder über die Fähigkeit, einen Mantel so darzubieten, dass man gefahrlos hineinschlüpfen kann. Und bevor 'Frau' sich mit Ver- oder gar Ausrenkungen in der Öffentlichkeit plagt, verzichtet sie lieber auf die angebotene Hilfe. Fragen Sie also lieber, ob Sie ihr in den Mantel helfen dürfen und stellen Sie sich geschickt an, wenn sie ja sagt.
Die Reihenfolge sieht so aus: Nach dem Betreten des Lokals, Theaters usw. hilft der Herr der Dame aus dem Mantel und zieht dann erst seinen eigenen aus.

Beim Verlassen der Veranstaltung geht es umgekehrt. Er zieht seinen Mantel an und hilft dann seiner Begleitung. Einem älteren oder hierarchisch deutlich höher stehendem Mann sind Sie übrigens auch mit der Garderobe behilflich. Und selbstverständlich wird allen mit körperlichen Handicaps geholfen.

7.6 Geburtstag

Für die Einen ist der Geburtstag ein willkommener Anlass zum Feiern, die Anderen finden es schrecklich und würden den Tag am liebsten aus dem Kalender streichen.

Wer auf eine Feier verzichten möchte, sollte dies freundlich und eventuell mit einer Begründung sagen. Einen Zwang zum Feiern gibt es nicht. Aber auch wer selbst nicht feiern mag, wird hin und wieder zu einem Fest eingeladen.

Wer seinen Ehrentag mit anderen Menschen verbringen will, sollte dafür sorgen, dass die Gäste wissen, wann sie wo erscheinen sollen. Wir laden also ein. Dies kann je nach Charakter des Festes persönlich, telefonisch oder schriftlich passieren. Wichtig für die Gäste ist:

Wann wird gefeiert?	Datum, Uhrzeit
Wo findet die Feier statt?	Genaue Ortsangabe
Wie ist die Bewirtungsform?	Wein und Gebäck oder fünf Gänge?
Was ist der Anlass der Feier?	Geburtstag
Welche Kleidung wird erwartet?	
Wer lädt ein?	Feiern mehrere ihren Geburtstag gemeinsam?
Wann wird eine Antwort erwartet?	
Ist der Adressat allein eingeladen, darf er jemanden mitbringen?	

Je festlicher der Rahmen der Feier, desto üblicher ist eine Einladung in Schriftform.

Für einen Geburtstag gibt es eine Fülle von Feiermöglichkeiten. Das geht vom gemütlichen Familienfrühstück, Brunch, Empfang, Kaffeetafel, Grillfest bis zu einer Cocktailparty oder einem Dinner mit anschließendem Tanz.

Wenn der große Tag da ist und die Gäste eintreffen, werden Sie sie selbstverständlich begrüßen und Glückwünsche, Blumen und Geschenke entgegen nehmen. Hier tauchen dann schon die ersten Schwierigkeiten auf: Wohin mit den liebevollen Gaben, wenn schon die nächsten Gäste in der Gratulationsschlange stehen? Ein hilfsbereites Familienmitglied oder ei-

ne gute Freundin könnten hier behilflich sein, Blumen versorgen und Geschenke auf einem entsprechenden Tisch unterbringen.
Bei den Geschenken haben Sie die Möglichkeit, sie im Laufe des Abends oder erst am nächsten Tag auszupacken. Vergessen Sie auf keinen Fall, sich für die Präsente zu bedanken. Das Dankeschön beim Entgegennehmen des Geschenks reicht nicht aus, es sei denn, es ist in Folie verpackt und Sie können sehen, was Sie bekommen haben. In diesem Fall können Sie sich direkt mit ein paar passenden Worten bedanken.
Auch Ihre Kollegen wissen, dass Sie Geburtstag haben. In vielen Unternehmen ist es üblich, den Tag auch mit ihnen zu feiern. Halten Sie sich hier an die ungeschriebenen Gesetze an Ihrem Arbeitsplatz. Mehr als das Übliche wirkt schnell protzig, Weniger wirkt eher sparsam und kann auch als Geiz gewertet werden.
Trotzdem müssen es ja nicht immer nur die belegten Brötchen sein. Auch eine Kuchenplatte oder ein Teller mit 'Fingerfood' ist mit den üblichen finanziellen Mitteln meist machbar. Ihrer Fantasie sind keine Grenzen gesetzt.

7.7 Generationsunterschiede

Nicht immer haben Sie es mit Menschen Ihres Alters zu tun. Besonders im Berufsleben gibt es da große Unterschiede. Und so kann es sein, dass der deutlich ältere Kollege ganz andere Benimmregeln gelernt hat, als Sie sie kennen. Hier ist nun Toleranz gefragt. Für den Kollegen bedeuten seine alten, ihm vertrauten Umgangsformen Sicherheit. Versuchen Sie also nicht, ihn auf den neuesten Stand zu bringen sondern akzeptieren Sie sein traditionelles Verhalten. Sie müssen sich nicht anpassen und nun auch 'Habe die Ehre', 'angenehm', oder 'Gestatten Sie, dass ich mich vorstelle' sagen. Respektieren Sie das Verhalten des anderen und wenden Sie – situationsgerecht und mit Fingerspitzengefühl – hauptsächlich die zeitgemäßen Etiketteregeln an. Ein Profi kennt übrigens die alten und neuen Regeln.

7.8 Geschäftsessen

Eine schöne Möglichkeit Geschäftliches zu besprechen und dabei Kontakte zu pflegen ist das Geschäftsessen. Suchen Sie das Restaurant sorgfältig aus. Richten Sie sich nach den Vorlieben Ihrer Gäste.

Achten Sie auf gute Erreichbarkeit (Parkplätze, Anbindung an das öffentliche Verkehrsnetz) für alle und natürlich sollte das Ambiente auch stimmen.
Als Gastgeber sind Sie der Erste, der erscheint, damit Sie überprüfen können, ob der Service alles wie besprochen vorbereitet hat. Dann werden Sie Ihre Gäste begrüßen und ihnen ihre Plätze zuweisen. Überlegen Sie sich gut, wer neben wem sitzt. Der wichtigste Gast sollte an Ihrer rechten Seite platziert werden. Manchmal ist es aber praktischer, diese Regel zu brechen, um eine gute Unterhaltung zu ermöglichen.
Sie führen Regie. Erleichtern Sie Ihren Gästen also das Bestellen, in dem Sie Vorschläge machen wie: 'Als Vorspeise kann ich Ihnen die Hummersuppe empfehlen' oder: 'Das Filet Wellington ist hier ganz ausgezeichnet'. So kann Ihr Gast abschätzen, ob Vor- oder Nachspeise geplant sind und in welcher Preiskategorie er sich bewegen sollte. Auch bei den Getränken richten Sie sich nach den Wünschen Ihrer Gäste. Nötigen Sie niemanden zu Alkohol. Frühestens wenn alle Gäste etwas zu trinken vor sich stehen haben, erheben Sie das Glas und begrüßen noch einmal alle. Der erste Schluck wird immer gemeinsam getrunken. Warten Sie also nicht zu lange, damit Ihre Gäste nicht auf dem Trockenen sitzen.

Wenn das Essen serviert wurde, beginnen Sie als Gastgeber mit dem Essen – möglichst ohne Allen eine gesegnete Mahlzeit zu wünschen. Im öffentlichen Raum entfällt das 'Guten Appetit'.

Das Geschäftliche kommt nach dem Dessert! Vorher betreiben Sie angenehmen Small Talk und versuchen möglichst alle Gäste mit einzubeziehen. Sie sind für den Wohlfühlfaktor verantwortlich. Halten Sie also die Augen offen und sorgen Sie dafür, dass alle Gäste gut bedient werden.

Auch das angenehmste Essen ist einmal vorbei und der Kellner winkt mit der Rechnung. Am stilvollsten verlassen Sie den Tisch, um das Finanzielle mit dem Service an der Kasse regeln. Sie dürfen heute aber auch am Tisch bezahlen. Achten Sie dann darauf, dass der Rechnungsbetrag nicht genannt wird. Bei Zahlung per Kreditkarte schreiben Sie entweder die Trinkgeldsumme dazu oder Sie geben den Tipp bar.

7.9 Geschäftskontakte

Im Berufsleben hat jeder Kontakt zu vielen unterschiedlichen Menschen. Das sind Mitarbeiter und Kollegen ebenso, wie Vorgesetzte und Kunden.

Diese Kunden heißen in vielen Bereichen anders. Im Krankenhaus oder der Arztpraxis sind es Patienten, in einer Behörde sind es Bürger und einer Anwaltskanzlei haben wir es mit Mandanten zu tun. Dies sind nur einige Beispiele, um den Begriff Kunde zu definieren.

Um einen positiven Eindruck zu hinterlassen, müssen erst einmal die äußeren Bedingungen stimmen:

Qualität und Preis von Produkt oder Leistung

Angemessene Räumlichkeiten

Gute Erreichbarkeit (Präsenz, Lage, Zeit)

Guter Service

Geschultes Personal

Diesen Rahmen erwartet Ihr Kunde von Ihnen. Alles was Sie ihm darüber hinaus bieten, wird er als wohltuend und überraschend empfinden.

Nutzen Sie also Ihre Fähigkeit, eine angenehme Atmosphäre zu schaffen.

Eine positive Einstellung und Verständnis für den Anderen sind eine wichtige Grundlage.

Lassen Sie Ihre Kunden an Ihrer Begeisterung für das Produkt, die Leistung teilhaben.

Stellen Sie sich auf die individuellen Bedürfnisse ein.

Mit kooperativem Verhalten und echtem Interesse an der Person, nicht am möglichen Geschäft, sammeln

Sie Pluspunkte. Stellen Sie Ihren Kunden in den Mittelpunkt Ihrer Aufmerksamkeit.
Natürlich stehen auch Höflichkeit, Freundlichkeit und Zuverlässigkeit auf der Hitliste im Einmaleins der Geschäftskontakte. Ein Kunde, der sich bei Ihnen wohl fühlt, der mit einem freundlichen Lächeln begrüßt wird und der merkt, dass ihm Sympathie entgegengebracht wird, bleibt Ihnen lange erhalten.
Wir alle legen heute viel mehr Wert auf eine persönliche Betreuung als früher. Über positive Geschäftskontakte sprechen wir auch positiv. Wenn Sie unzufrieden sind, erzählen Sie dies – so sagen die Statistiker – etwa neun anderen Personen. Es lohnt sich also, auch unter diesem Aspekt unseren Kunden das besondere Etwas zu bieten.
Sorgen Sie für angenehme Erlebnisse. Mit kreativen Ideen wird ein simples Geschäftsessen zu einem Ereignis, das in angenehmer Erinnerung bleibt. Auch kleine Gesten, die aus dem Rahmen des Gewohnten fallen, schaffen besondere Aufmerksamkeit. Wie wäre es mal mit einem Frühlingsgruß zu Ostern oder mit exklusiven Informationen zur geplanten Urlaubsreise per E-Mail?
Sie merken schon, eine gut geführte Kundenkartei ist hilfreich. Hier können Sie alle Informationen über Ihre

Geschäftspartner sammeln und bei Bedarf darauf zurückgreifen.
Ihr Kunde wird angenehm überrascht sein, wenn Sie sich nach seinem Urlaub in Spanien erkundigen oder Sie sich gemerkt haben, dass er ein Fan der 'Hamburg Freezers' ist.
Nun haben wir es nicht immer nur mit netten Menschen tun. Es gibt sie ja durchaus, die Nörgler, ewig Schlechtgelaunten oder die notorischen Meckerer. Hier ist dann unsere Professionalität gefragt. Lassen Sie sich nicht aus der Ruhe bringen. Bleiben Sie gleichmäßig freundlich und nehmen Sie Angriffe nicht persönlich. Mit souveränem Auftreten und einer Prise Humor können Sie viele Situationen entschärfen. Behalten Sie das Wohlbefinden des Kunden im Auge und verlassen Sie sich auf Ihr Gefühl, wenn es mal brenzlig wird.

7.10 Geschäftsreise

Wenn einer eine Reise tut, dann darf und muss er Koffer packen.
Entwickeln Sie auf der Basis Ihrer letzten Businesstrips eine Liste der Dinge, die Sie unbedingt benötigen. Diese persönliche Checkliste hilft Ihnen, Wichti-

ges nicht zu vergessen. Je nach Dauer, Hotelkategorie, Termingestaltung und Plänen für gesellschaftliche Veranstaltungen planen Sie Ihr Kleidungsbudget.

Guter Standard ist:

Anzug in hellgrau und dunkelblau

Eine helle Hose, einen Blazer und einen Regenmantel für die Reise

Sechs Hemden

Vier Krawatten

Stofftaschentücher

Stabile Schuhe

Ausreichend Unterwäsche, Kniestrümpfe, Hausschuhe

Pyjama

Eventuell Morgenmantel und Badehose

Kopien des Passes, der Reisedokumente, Adresslisten etc. geben Ihnen ein zusätzliches Gefühl von Sicherheit und sind im Notfall eine rettende Dokumentation.

Nahezu weltweit akzeptiert sind Dollar-Reiseschecks und kleinere Dollarnoten.

Als Profi reisen sie mit leichtem, abschließbarem Gepäck und ohne offene Adresse.

Auch auf Reisen repräsentieren Sie Ihr Unternehmen. Sie werden also durch höfliches Verhalten und richtige Kleidung glänzen. Im Ausland gelten die allgemeinen Businessstandards. Von Deutschen wird Pünktlichkeit besonders erwartet, auch wenn Sie in ein Land reisen, in dem diese Tugend nicht so hervorsticht. Machen Sie sich vor Reiseantritt mit den Sitten und Gebräuchen des Landes vertraut. Informieren Sie sich über das politische System, die Religion und besondere Traditionen. So können Sie lockeren Small Talk machen, ohne sich auf allzu dünnes Eis zu begeben.

7.11 Gespräch

siehe Kommunikationsetikette und Small Talk

7.12 Gesellschaftskleidung

siehe Abendkleidung

7.13 Gesundheit

Kaum niest man in einer größeren Runde, schon schallt es von irgendwo her: 'Gesundheit!'.

Als höflich gilt dieser Wunsch heute nicht mehr. Die Regel sagt, dass alle Körpergeräusche ignoriert werden. Trotzdem ist es vielen ein Bedürfnis, auf einen Nieser zu reagieren. Im kleinen Kreis, wenn Sie den Eindruck haben, der andere erwartet eine Reaktion von Ihnen, wünschen Sie ruhig Gesundheit. Im öffentlichen Raum, etwa bei einem Meeting oder in einer größeren Runde, verzichten Sie lieber auf diesen Wunsch. Heute ist es angemessener, solche 'Störungen' einfach zu überhören.

Müssen Sie selbst husten oder niesen, entschuldigen Sie sich kurz – im größeren Rahmen entfällt selbst dies.

7.14 Golf

Es gibt eine spezielle Golfetikette. Bei der Prüfung für die Platzreife, ist sie ein Bestandteil, der abgefragt wird. Je älter und traditioneller ein Golfclub ist, desto mehr Wert wird auf die Einhaltung der Regeln gelegt.

Oft ist ein bestimmter Dresscode festgelegt. Jeans und T-Shirts sind nicht angebracht. Sie tragen eine sportliche Stoffhose und ein Poloshirt, einen Pullover oder ein Hemd. Kurze Hosen sind bis auf Bermudashorts tabu. Auch der Schuh sollte geschlossen

sein und einen sportlichen Charakter haben. Flipflops oder andere Latschen sind übrigens auch im Clubhaus verpönt. In einigen Golfclubs geht es beim Essen nach dem Spiel etwas formeller zu, dann ist hier der Blazer angesagt.
Außerdem gibt es einen speziellen Verhaltenskodex: Sie nehmen Rücksicht und sprechen niemanden während eines Abschlags an. Sie halten genügend Abstand. Die Reihenfolge des Abschlags richtet sich nach dem Handicap. Sie verzögern das Spieltempo nicht und Sie achten darauf, den Platz zu schonen.
Jeder Golfclub hat seine eigenen Regeln, die mehr oder weniger streng sind. Informieren Sie sich vor dem Spiel.

7.15 Gratulation

Es gibt viele Anlässe, um zu gratulieren. Nutzen Sie diese Möglichkeit, anderen Ihre Wertschätzung auszudrücken. Ob Sie den Kollegen zu seiner gelungenen Präsentation beglückwünschen, oder der Kollegin zum hervorragenden Geschäftsabschluss gratulieren, alles Möglichkeiten, Anerkennung zu zeigen. Selbstverständlich nur, wenn die Bemerkung auch

ernst und ehrlich gemeint ist. Lassen Sie niemanden auf einer Schleimspur ausrutschen.
Gratulationen zu Geburtstagen oder anderen besonderen Ereignissen werden häufig auch schriftlich formuliert. Hier reicht ein: 'Alles Gute zum Geburtstag, Dein Fred', nicht aus. Finden Sie persönliche Worte. Sie wollen schließlich Freude bereiten und nicht ein lästiges Pflichtprogramm absolvieren.

7.16 Grüßen

Das Grüßen dient der Kontaktpflege und hat nach wie vor einen großen Stellenwert bei der Einschätzung des Höflichkeitsfaktors eines Menschen. Sicher haben Sie sich auch schon über Nachbarn, Kollegen oder Kunden geärgert, die es 'nicht nötig haben', zu grüßen.
Ich denke, dass es jeder nötig hat, mit einem freundlichen Gruß seinen Sinn für ein angenehmes Miteinander zu dokumentieren. Der Stellenwert guten Benehmens ist in den vergangenen Jahren erfreulich gestiegen. Es wird wieder verstärkt darauf geachtet und es werden Rückschlüsse gezogen, wenn es fehlt.

Schaffen Sie also eine positive Atmosphäre und beachten die folgenden Regeln beim Grüßen.

Ein Gruß besteht aus:

- Blickkontakt
- Zunicken
- Lächeln
- Grußformel, idealerweise verbunden mit dem Namen desjenigen, den Sie grüßen (Guten Tag Frau Müller).

Während im Privatleben kaum noch Rangfolgen für das Grüßen beachtet werden müssen – wer den Anderen wahrnimmt, grüßt – gilt im beruflichen Bereich die Hierarchie. Die rangniedrigere Person grüßt die ranghöhere Person. Wenn Ihnen auf dem Gang also Ihr Vorgesetzter begegnet, ist es an Ihnen, zuerst einen Gruß 'los zu werden'.

Aber welcher soll es nun sein? 'Guten Tag', 'Hallo' oder lieber 'Mahlzeit'? Als Faustregel gilt: Je offizieller die Situation, desto offizieller auch die Grußformel. Mit dem Tagesgruß sind Sie also immer auf der sicheren Seite. Das 'Hallo' wird von der älteren Generation manchmal als zu locker empfunden, hat sich aber als Gruß unter Bekannten und Gleichgesinnten eingebürgert. Ähnlich ist es mit den mundartlichen Grüßen wie 'Moin' oder 'Grüß Gott'. Verwenden Sie sie dort, wo Sie Ihnen passend erscheinen.

Auf Eines sollten Sie möglichst ganz verzichten; Sie erraten es sicher schon, ich meine das Wörtchen 'Mahlzeit'. Dieser Gruß ist eine Unart, die man von morgens um 10.00 Uhr bis abends 17.00 Uhr zu hören bekommt. Aber was hat eine Mahlzeit mit einem Gruß zu tun? Wenn Sie sich zu Ihren Kollegen in der Kantine an den Tisch setzen, könnte man den Wunsch nach einer (gesegneten) Mahlzeit noch akzeptieren, aber auf dem Gang unterwegs zum Kopierer?

Nun müssen wir uns noch der Frage zuwenden, wann wir andere Menschen grüßen. Das ist eigentlich immer Fall. Wenn Sie einen Raum betreten oder zu einer Gruppe hinzukommen, ist es Ihre Aufgabe, zuerst zu grüßen.

Das Betreten eines Bahnabteils, eines Wartezimmers oder das Platznehmen in einer Sitzreihe (z.B. Flugzeug, Theater, Vortrag) ist eine gute Gelegenheit, mit Ihren guten Manieren eine freundliche Atmosphäre zu schaffen, in dem sie grüßen.

8. H

8.1 Händedruck

Die gängige Begrüßungsform – zumindest im Berufsleben – ist der Händedruck.

Da kann man Einiges erleben. Schlaff, feucht und schmerzhaft, die Bandbreite ist groß. Ob 'Schüttler' oder 'Schulterklopfer', immer werden Signale gesendet, die bei anderen mehr gut ankommen – oder auch nicht.

Der in der Rangfolge höher stehende Mensch entscheidet, ob Hände geschüttelt werden oder nicht.

Der Chef reicht also seiner Mitarbeiterin die Hand, die ältere Person der Jüngeren und – Achtung! – die Dame dem Herrn.

Im beruflichen Zusammenhang geht es immer danach, welche Position jemand bekleidet. Erst in zweiter Linie, also dann, wenn sich alle auf der gleichen Ebene befinden, spielen Alter oder Geschlecht eine Rolle.

Natürlich gibt es auch eine Ausnahme von der Regel: Ein Gastgeber reicht seinen Gästen selbstverständlich die Hand zur Begrüßung. Auch wenn es sich um die Aufsichtsratsvorsitzende des Unternehmens handelt, bei dem man seine Brötchen verdient.

Ebenso begrüßen Berater, Verkäufer oder andere Dienstleister ihre Kunden mit dem Handschlag. Allerdings nur, wenn Sie sich auf eigenem Terrain befinden, denn nur dort sind sie Gastgeber.

Innerhalb einer Gruppe von Menschen sollten alle Personen auf die gleiche Weise begrüßt werden. Es ist unhöflich, nur die Lieblingskolleginnen mit einem Händedruck zu beglücken und bei den beiden anderen Anwesenden darauf zu verzichten. Wenn Einer, dann Alle.

Wenn Sie merken, dass Ihr Gegenüber unsicher ist, wer nun wem zuerst die Hand geben sollte, erlösen Sie ihn / sie aus diesem Dilemma; Regel hin, Regel her.

Dass zu einem Händedruck der Blickkontakt und ein freundliches Lächeln gehören, ist für Sie selbstverständlich. Wie sieht es aber mit dem Namen Ihres Begrüßungspartners aus? Sagen Sie 'Guten Tag Herr ...'?

Immer? Na, dann ist es ja gut.

8.2 Handkuss

Der Handkuss gehört bei uns eher auf das gesellschaftliche Parkett. In bestimmten Kreisen gehört es zum guten Ton, einer Dame mit einem Handkuss seine Hochachtung zu zeigen. Früher herrschten strenge Regeln, wen ein Mann mit einem Handkuss beglücken durfte. Auf jeden Fall musste die Dame verheiratet oder Witwe sein – und dann musste man sich in einem geschlossenem Raum aufhalten. Handküsse unter freiem Himmel waren nicht 'comme il faut'. Allerdings zählten in diesem Zusammenhang ein Bahnhof oder ein Garten zu den geschlossenen Räumen

Ein Handkuss ist eine Verbeugung über der Hand der Dame und kein 'Schmatzer' auf dem Handrücken. Die Kunst dabei ist es, die ganze Zeit den Blickkontakt zu halten und sich nicht etwa im verführerischen Dekolletee der Dame zu verirren.

Auch beim Handkuss heißt es, entweder alle anwesenden Damen zu 'beglücken' – oder keine.

Im osteuropäischen Raum und in Österreich ist der Handkuss übrigens auch heute noch gar nicht so ungewöhnlich.

8.3 Handschuhe

Anlassen oder ausziehen ist hier die Frage. Sie haben sicher gelernt, dass man zur Begrüßung die Handschuhe ausziehen sollte. So generell stimmt das heute nicht mehr. Faust- oder Skihandschuhe ziehen Sie selbstverständlich zum Händeschütteln aus. Bei Fingerhandschuhen sieht es da aber anders aus. Stellen Sie sich vor, Sie begegnen Ihrem Nachbarn auf der Straße. Sie haben beide Fingerhandschuhe an, denn es ist bitterkalt. Hier dürfen Sie beide Ihre Handschuhe anbehalten, wenn Sie sich mit Handschlag begrüßen. Kennt Ihr Nachbar diese neue Regel aber nicht und zieht seine Handschuhe aus, bevor Sie das verhindern können, dann bleibt Ihnen das Ausziehen nicht erspart. Händeschütteln also so, dass beide auf die gleiche Weise 'gekleidet' sind.

8.4 Handy

Beim Thema Mobiltelefon scheiden sich die Geister. Während die Einen selbstverständlich jederzeit erreichbar sein wollen oder müssen, ist den Anderen gerade dieses ständig verfügbar zu sein, ein Dorn im Auge. Im Geschäftsleben gehört es heute allerdings dazu, Kunden und Geschäftspartnern den Service der guten Erreichbarkeit zu bieten.

Im Umgang mit diesem relativ jungen Kommunikationsmittel ist also Sensibilität gefragt. Viele Menschen fühlen sich vom gedankenlosen Gebrauch des Handys gestört. Wer ein Mobiltelefon benutzt sollte folgendes beachten:

Aus Sicherheitsgründen bleibt das Handy im Krankenhaus, im Flugzeug und an der Tankstelle ausgeschaltet.

Aus Gründen der Höflichkeit schalten Sie Ihr Telefon im Meeting, Seminar, Konferenz, Wartezimmer, Theater, Kino, Konzert, Restaurant usw. aus.

Wenn Sie einen wichtigen und unaufschiebbaren Anruf erwarten oder Rufbereitschaft haben, kündigen Sie dies vorher an. Vibrationsalarm und Lautlosfunktion sind dann das Mittel der Wahl. Sie werden sich kurz entschuldigen und sich räumlich entfernen, bevor Sie das Gespräch annehmen. Gönnen Sie sich und Ihren Mitmenschen eine störungsfreie Zeit. So zeigen Sie Respekt und stellen die Bedürfnisse der anwesenden Personen in den Vordergrund. Sonst vermitteln Sie anderen leicht, dass sie nur die zweite Geige spielen und darauf würden Sie selbst wahrscheinlich auch ärgerlich reagieren.

Für die Nutzung des Funktelefons gilt außerdem:

Fassen Sie sich kurz (auch beim Besprechen Ihrer Mailbox).

Selbst in weiter Ferne werden Sie in Zimmerlautstärke verstanden

Achten Sie auf den Signalcharakter Ihres Handys - quietschbunte Farben und 'witzige' Klingeltöne passen nur zu wenigen Branchen

Auch wenn das Mobiltelefon für viele ein Statussymbol ist – es wird nicht am Gürtel getragen

Ignorieren Sie eine ankommende SMS, wenn Sie gerade mit jemandem im Gespräch sind

Die Meldeformel ist im Geschäftsleben genauso wie am Festnetzanschluss: Tagesgruß, Firma, (Abteilung,) Name. Im Privatleben darf es etwas lockerer sein.

Tabuzonen für Handys: Beerdigung, Krankenbesuch, Kirche

Fragen Sie sich vor dem Gebrauch Ihres Mobiltelefons einfach, ob Sie mit Ihrem Telefonat jemanden belästigen. Ist das der Fall, sollten Sie Ihr Gespräch unbedingt verschieben.

8.5 Hemd

Worauf achten Sie beim Hemdenkauf? Natürlich erstmal auf die Qualität. Ein hochwertiges Material und eine gute Verarbeitung sind wichtige Kriterien.

Das beste Hemd sieht furchtbar aus, wenn der Kragen nicht richtig sitzt. Die perfekte Passform ermitteln Sie indem Sie das Hemd schließen und dann noch zwei Finger zwischen Hals und Kragen stecken. Können Sie noch bequem atmen? – dann sitzt der Kragen richtig. Achtung: Der Hemdenknopf bleibt unter der Krawatte immer geschlossen!

Nun müssen nur noch Körperweite und Ärmellänge stimmen. Eine Knopfmanschette endet knapp über der Handwurzel, eine Klappmanschette etwas tiefer.

Bei den Farben haben Sie im Businessbereich die große Auswahl. Weiß, hellblau, rosa. Nutzen Sie die Möglichkeiten für vielseitige Kombinationen. Dezente Streifen und Karos bringen außerdem Abwechslung ins Spiel.

8.6 Höflichkeit

Ein höflicher Mensch geht mit offenen Augen durch den Tag. Er sieht, bei welcher Gelegenheit er Anderen behilflich sein kann. Da ist die Kollegin, die mit schweren Unterlagen bepackt vor einer geschlossenen Tür steht. Oder der junge Mann, dem der Henkel seiner Einkaufstüte gerissen ist und der nun seine Äpfel und Birnen wieder einsammeln muss. Hier zu helfen, sind die kleinen Gesten der Höflichkeit.

Auch der angemessene Umgang mit der Zeit zählt zu den Höflichkeitsregeln. Pünktlichkeit ist aufmerksamer Umgang mit anderer Leute Zeit. Lassen Sie niemanden absichtlich warten.

Natürlich ist es absolut unhöflich, andere Menschen zu belästigen. Das kann unangemessene Lautstärke genau so sein, wie jemanden bloßzustellen oder zu beleidigen. Zu den wichtigsten Höflichkeitssignalen gehören:

Ein freundlicher Gruß
Hilfsbereitschaft
Bitte und Danke
Blickkontakt halten
Andere ausreden lassen
Aufmerksam zuhören
Pünktlichkeit

Respekt

Niemanden belästigen

Niemanden in Verlegenheit bringen

8.7 Hotel

Geschäftlich oder im Urlaub, für einige Tage wird das Hotel zu Ihrem Zuhause. Allerdings gelten hier andere Regeln als im eigenen Heim. Mit Ihnen bewohnen noch viele andere Gäste das Hotel. Rücksicht ist also das Zauberwort. Fernseher auf Zimmerlautstärke, Rauchen nur dort, wo es gestattet ist und am Buffet hinten anstellen.

Auch in einem Hotel sind Sie Gast und sollten sich so verhalten, wie Sie es von Ihren eigenen Gästen erwarten. Freundlichkeit ist Trumpf. Grüßen Sie andere Hotelgäste – auch das Personal hat einen Gruß und ein freundliches Lächeln verdient.

Je nach Hotelkategorie wird von Ihnen, zumindest bei den Mahlzeiten, ein Dresscode erwartet. Halten Sie sich auch im Interesse der anderen Gäste daran. Sie sollen die Kleidung tragen, in der Sie sich wohl fühlen, die aber in den Rahmen passt und andere Menschen nicht belästigt.

Apropos Mahlzeiten: Während des Essens präsentieren Sie Ihre guten Tischsitten. Das heißt, Sie drängeln am Buffet nicht vor. Sie holen Ihre Speisen gangweise, so wie sie Ihnen auch serviert werden würden. Sie bieten einen angenehmen Anblick während Sie essen und Sie packen nichts für unterwegs ein.

Wenn Sie mit den Leistungen des Hotels nicht zufrieden sind, reklamieren Sie in einem sachlichen und höflichen Ton und bitten um Abhilfe. Auch hier macht der Ton die Musik. Ihre Zufriedenheit zeigen Sie mit einem angemessenen Trinkgeld. Achtung: Das Personal an der Rezeption bekommt im Allgemeinen kein Trinkgeld, Es gibt aber meistens eine Kaffeekasse.

Wenn Ihnen der Portier die heiß begehrten Theaterkarten besorgt, einen Tisch in einem Nobelrestaurant reserviert oder andere Sonderwünsche erfüllt, sollte er für seine Mühe auch die entsprechende Belohnung bekommen.

8.8 Hut

Was früher für den Herrn der Hut war, ist heute immer öfter das Cap. Der Trend ist allerdings rückläufig. Für jede Art der Kopfbedeckung gilt: In geschlossenen Räumen bitte abnehmen. Auf der überdachten Shoppingmeile oder in Einkaufspassagen dürfen Sie ihn aber aufbehalten.

Zum Grüßen wird der Hut kurz angehoben und wieder aufgesetzt. Höflich ist es, wenn Sie während eines Gesprächs den Hut komplett abnehmen und in der Hand behalten und erst zur Verabschiedung wieder aufsetzen. Das Gleiche gilt für das Cap. Entscheiden Sie je nach Situation, ob Sie den traditionellen Umgang mit dem Hut pflegen wollen oder ob es etwas lockerer sein darf. Ein Baseball-Cap im Restaurant getragen – womöglich noch verkehrt herum – ist aber immer deplaziert. Im Zweifelsfall also lieber ohne Kopfbedeckung.

9. I

9.1 Image

Das Image (Bild) einer Person wird von vielen Faktoren geprägt. Auf einige hat man keinen Einfluss, wie zum Beispiel die Körpergröße, die Gesichtsform oder das Alter. Andere Dinge, die zur Imagebildung beitragen, sind – immer im positiven Sinne – durchaus zu verändern.

Ein Image haben Sie, ob Sie wollen oder nicht – ist es da nicht besser, Sie bestimmen, wie es aussehen soll? Nehmen Sie Ihre Außenwirkung doch einmal unter die Lupe.

Folgende Kriterien sind imagebildend:

Körpersprache
Sprache, Stimme
Körperform
Geschlecht
Alter
Stil, Aufmachung, Frisur
Charaktereigenschaften
Umgangsformen
Privates Umfeld
Name, Beruf, Titel
Berufliches Umfeld

Accessoires, Statussymbole

Charisma, Ausstrahlung

Überlegen Sie nun, ob Sie in allen Bereichen so gesehen werden, wie es Ihren Wünschen und Zielen entspricht. Es geht allerdings nicht darum, anderen vorzuspielen, was gar nicht vorhanden ist, sondern glaubwürdig und authentisch Selbstbewusstsein auszustrahlen und Ihre positiven Eigenschaften in den Vordergrund zu stellen.

Wir Menschen sind zu einem großen Teil optisch orientiert, deshalb sind die passende Kleidung, die richtige Farbwahl und der authentische Stil wichtige Werkzeuge. Kommen dann noch eine offene Körpersprache und höfliches, freundliches Verhalten dazu, sammeln wir schon viele Sympathiepunkte.

9.2 Internationale Umgangsformen

Im 'Global Village' treffen die unterschiedlichsten Kulturen und Wertvorstellungen aufeinander. Wir sind heute blitzschnell in einem anderen Land, einer anderen Kultur. Hier leben andere Menschen mit anderen Regeln und Anschauungen. Es ist also sinnvoll, sich vor dem Reiseantritt zu informieren.

Bereiten Sie sich gründlich vor und recherchieren Sie:

das politische System

die Landessprache

die Religion

Ge- und Verbote

Kultur und Tradition

Geschäfts- und Verhandlungsgepflogenheiten

Wichtig sind vor allen Dingen der Respekt und die Akzeptanz anderer Gewohnheiten. Freundliches und höfliches Verhalten und persönliche Flexibilität helfen Ihnen weiter.

Passen Sie sich den geltenden Regeln an und berücksichtigen Sie den Stellenwert von Funktionen und Hierarchien im jeweiligen Land.

Respektieren Sie die Privatsphäre Ihrer Gesprächspartner und betrachten Sie eine Einladung nach Hause als Auszeichnung, die Sie selbstverständlich annehmen.

Egal, wie das Zeitverständnis in anderen Ländern ist, bei Geschäftsverhandlungen wird von Ihnen in jedem Fall Pünktlichkeit erwartet.

9.3 Internet

Die Möglichkeiten, die uns das Internet bietet, sind enorm. Mit einem einzigen Klick können Sie mit vielen Menschen an den unterschiedlichsten Orten in Kontakt treten.

Sie werden sich wahrscheinlich eher im Privatleben an Diskussionsforen und Chats beteiligen. In den meisten Fällen kommunizieren Sie anonym. Seien Sie vorsichtig mit persönlichen Informationen, Mailadressen oder Telefonnummern. Es tummeln sich nicht nur die Guten im www.

In einem stilvollen Chat respektieren sich die Teilnehmer und 'unterhalten' sich freundlich.

Die Großschreibung ganzer Sätze wird als anschreien gewertet. Zur Betonung einzelner Wörter eignet sich das Fettdrucken.

Hier noch einige gängige Emoticons – das sind die kleinen Smileys, mit denen Sie gut Ihre Gefühle ausdrücken können.

(Zum Erkennen der Gesichter, muss man den Kopf nach links drehen)

:-)	ich bin fröhlich
:-))	ich bin sehr fröhlich
:-D	starkes Lachen
:-(	ich habe schlechte Laune
:-((	ich bin traurig
:-I	ich bin sauer
>:-(	ich bin wütend
:-()	ich bin erstaunt
:-o	ich bin schockiert
;-)	Augenzwinkern

10. J

10.1 Jackett

Ein Mann hat sein Sakko im Stehen immer geschlossen. Diese Sitte gerät immer mehr in Vergessenheit, weil mancher meint, er wirke in offenem Jackett moderner und dynamischer. Das ist ein Irrglaube. Der Schneider hat das Jackett so konzipiert, dass es in geschlossenem Zustand den perfekten Sitz hat. Schließen Sie Ihr Sakko zumindest in offiziellen Situationen, bei Vorträgen oder Präsentationen. Dafür müssen Sie natürlich wissen, welcher Knopf geschlossen wird. Als Faustregel gilt: Der untere Knopf wird nicht zugeknöpft. Hat das Sakko drei oder vier Knöpfe, darf auch der obere offen bleiben.

Tragen Sie eine Weste – auch hier den unteren Knopf öffnen – dürfen Sie das Jackett offen lassen.

Ob ein Sakko abgelegt werden darf, bestimmt immer die ranghöhere Person. Im Berufleben der Chef, im Privaten der Gastgeber. Ganz Vorbildliche bitten anwesende Damen um Erlaubnis.

Überlegen Sie aber gut, ob Sie Ihrer Umwelt den Anblick eines verschwitzten und zerknitterten Oberhemdes zumuten wollen.

10.2 Jeans

Für die Freizeitgestaltung ist die Jeans – fast immer – ein perfektes Kleidungsstück. Natürlich gibt es auch hier Ausnahmen. Auf dem Golfplatz ist sie verpönt und im Casino oder bei der Opernpremiere wirkt sie meistens deplaziert.

Die ersten, die eine solche Hose im 'Beruf' trugen, waren die Goldgräber. Die Jeans waren die Vorläufer unseres heutigen Blaumanns und gelten deshalb auch heute (besonders bei der älteren Generation) oft noch als zweitrangiges Kleidungsstück. Allerdings ist abzusehen, dass die Akzeptanz der 'Nietenhose' immer größer wird.

Die Jeans gehört inzwischen zu den Basics im Kleiderschrank und ist bei vielen auch aus der Berufskleidung nicht mehr wegzudenken. Achten Sie aber unbedingt auf einen gepflegten Eindruck. Zu modisch (z.B. im 'Used Look'), schmutzig oder mit zerschlissenem Saum darf sie nicht sein.

In Berufen, in denen konservative Businesskleidung erwartet wird, ist sie tabu.

Im Handwerksbereich sieht man sie häufig und auch in den Büroetagen vieler Unternehmen begegnet sie uns immer öfter.

Allerdings stellt sich immer die Frage, wann eine Jeans angemessen ist. In vielen Firmen gibt es mehr oder weniger offizielle Dresscodes. An diese sollten Sie sich halten. Wenn in Ihrem Unternehmen die meisten Kollegen eher leger gekleidet sind, spricht nichts gegen eine Denim. Herrschen Anzug und Krawatte vor, verzichten Sie besser auf Ihr Lieblingsstück.

Eine eher klassisch geschnittene Hose einfarbig dunkelblau oder schwarz mit einem Sakko und einem offenen Hemdkragen, Polo oder Rolli getragen, kann sehr edel wirken. Wenn Sie dann noch auf den Turnschuh verzichten, haben Sie ein gutes Outfit für viele Anlässe gefunden.

Je weiter Sie die Erfolgsleiter hinauf geklettert sind, desto weniger Spielraum haben Sie, was Ihren Kleidungsstil betrifft. Je höher die Position, desto größer die Repräsentationspflichten, und im offiziellen Bereich hat die Jeans nichts zu suchen.

10.3 Junggesellenabschied

Meist organisieren Trauzeugen und Freunde den Abschied vom Junggesellendasein. Diese letzte Möglichkeit über die Stränge zu schlagen wird mit allerlei

Spielchen und viel Alkohol genutzt. Die Gäste sind für die Kosten und den Ablauf zuständig und sollten darauf achten, dass weder der Bräutigam noch Unbeteiligte zu Schaden kommen.

11. K

11.1 Kaugummi

Die optische Wirkung des Kaugummikauens wird häufig unterschätzt. Vielleicht sind Ihnen diese Menschen auch schon aufgefallen. Die einen kauen dezent und verhalten; man sieht nur ganz leichte Bewegungen der Gesichtsmuskulatur. Die anderen tun es dafür umso selbstvergessener und kauen mit starker Konzentration und großen Kieferbewegungen. Das Kauen an sich ist aber nicht das eigentliche Problem, sondern die Gesellschaft, in der man sich befindet. Leider sieht man immer häufiger Menschen, die in allen Lebenslagen 'oralen Stressabbau' betreiben. E-gal, ob sie in der U-Bahn sitzen, im Fernsehen bei Wahlpartys gefilmt werden oder als Verkäufer einen Kunden bedienen: Die 'Kauer' sind unter uns.

Wir alle haben gelernt, dass man mit vollem Mund nicht redet. Ist ein Kaugummi von dieser Benimmregel ausgenommen? Natürlich nicht!

Das bedeutet für jeden Fan des 'Chewinggum': Wenn Gespräche mit anderen Menschen möglich sind, bleibt es in der Tasche – damit ist selbstverständlich nicht die 'Backentasche' gemeint.

Der zweite Aspekt beim Kaugummikauen ist die Optik. Haben Sie sich schon einmal vor den Spiegel gestellt und voller Inbrunst auf dem Kaustreifen herumgekaut? Toller Anblick, oder?

Man sollte sich also auch Gedanken über die eigene optische Wirkung machen. Ein gut gekleideter Mensch, der sich kauender Weise seiner Umwelt präsentiert, wirkt immer unstimmig.

Die Befürworter des Kaugummis argumentieren oft mit dem frischen Atem, den so ein kleiner Streifen nach dem Essen bietet. Dagegen ist sicher nichts einzuwenden – wenn es nicht gleich nach der Mittagspause mit einem Meeting weitergeht. Und fünf Minuten kauen reichen für den Frischeeffekt immer aus. Eine gute Lösung für einen angenehmen Atem sind auch Zahnpflegebonbons, die es von vielen Herstellern gibt.

11.2 Kavalier

Ein altmodisches Wort – Kavalier – aber die Damenwelt liebt Kavaliere. Leider sind sie vom Ausstreben bedroht. Dabei ist es so einfach, einer zu sein.

Eine kleine Kavaliersanleitung:

Grundsätzlich gilt: Er hilft ihr, jung hilft alt

Türen aufhalten – auch die Autotür oder die Gartenpforte

Erkundigen, ob man mit dem Mantel behilflich sein darf

Im Restaurant den Stuhl zurechtrücken

Sich um Getränke kümmern

Heruntergefallenes aufheben

Zur Haustür, zum Auto begleiten

Einer Raucherin Feuer geben

Die Dame rechts gehen lassen – s. a. Vortrittsregeln

Unterwegs: die sichere Seite für die Dame

Die Treppe nach ihr hinauf, vor ihr hinab gehen

Diese Liste erhebt keinen Anspruch auf Vollständigkeit. Bestimmt fallen Ihnen ja noch weitere Kavaliersgesten ein.

11.3 Kleidung

siehe Businesskleidung

Passform und Sitz:

Sakkoärmel reichen bis Daumenansatz

Hemdärmel sind 1 cm länger

Manschettenknöpfe oder! Knöpfe

Hemdkragen hinten 1 cm höher als Sakko-Kragen

Hosensaum reicht an der Ferse bis zum Absatzbeginn

Exakte Bügelfalte, keine Sitzfalten

Gepflegte dunkle Lederschuhe, Schuhspanner schützen vor Sorgenfalten

Stofftaschentuch

Der Krawattenknoten soll in Form und Größe zum Kragen passen

11.4 Knigge

Adolph Freiherr Knigge schrieb 1788 sein Buch 'Über den Umgang mit Menschen'. Dabei handelt es sich nicht, wie fälschlicher Weise viele meinen, um das erste Benimmbuch. Knigge hat damit eine Aufklärungsschrift herausgegeben, deren Thema hauptsächlich, Takt, Höflichkeit und der Umgang mit den Generationen war. Das Buch hat also eher einen soziologischen Hintergrund. Heute steht Knigge als Synonym für gutes Benehmen und perfekte Umgangsformen. Mit dem eigentlichen Anliegen des Freiherrn hat das aber nur noch am Rande zu tun.

11.5 Körperpflege

Auf die Pflege Ihres Körpers sollten Sie mindestens soviel Sorgfalt verwenden wie auf Ihre Kleidung. Einen ungepflegten Menschen empfinden fast alle als peinliche Zumutung. Mundgeruch, Achselschweiß, Bartstoppeln, alles K.o.-Kriterien. Also lieber täglich duschen und rasieren, Unterwäsche und Strümpfe wechseln, Zähne putzen und das Deo nicht vergessen. Achten Sie auf den ordnungsgemäßen Zustand Ihrer Hände und Fingernägel und besuchen Sie Ihren Friseur lieber einmal mehr.

11.6 Körpersprache

Unser Körper spricht seine eigene Sprache. Sie besteht, genau wie die gesprochene Sprache, immer aus mehreren Teilen: Silben, Worten, Sätzen. Das Gesprächsthema der Körpersprache ist das Gefühl.

Wenn Bewegung und Worte übereinstimmen, entsteht eine authentische Ausstrahlung. Der Mensch wirkt selbstbewusst und stimmig.

Achten Sie immer auf die gesamte Körpersprache. Aus einzelnen Gesten auf den ganzen Menschen zu schließen, wäre fatal.

So bitte nicht:

- Bei der Begrüßung die Hand in der Tasche lassen
- Hände hinter dem Rücken verschränken
- Andere anstarren
- Übertriebene Gesten
- Mit dem Zeigefinger drohen
- Im Sitzen die Arme als Kopfstütze verwenden
- Im Sitzen die Beine weit ausstrecken
- Im Sitzen einen Fuß auf das andere Knie legen
- Laute Geräusche (lachen, reden, gähnen)
- Zu wenig Abstand halten

Eine gute Haltung gehört zu einem gepflegten Erscheinungsbild und signalisiert Sicherheit und Kompetenz.

11.7 Kollegen

Der Umgang mit Kollegen ist nicht immer leicht und sicher auch von der eigenen Tagesform abhängig. Aber egal, wie schlecht gelaunt Sie sind, ein Gruß muss immer sein.

Beachten Sie Territorien und Distanzzonen. Niemand hat es gern, wenn ihm der Kollege mal eben die

Maus aus der Hand nimmt und demonstriert wie das Programm nun richtig läuft.
Höfliches, taktvolles und freundliches Verhalten sind auch im Berufsleben Türöffner; eine Schleimspur sollten Sie aber nicht hinterlassen. Verkneifen Sie sich spitze Bemerkungen, beleidigen Sie niemanden und lassen Sie Ihre privaten Probleme zu Hause. Der Job ist nicht der richtige Ort, um über Intimes zu plaudern. Richten Sie sich nach den ungeschriebenen Gesetzen Ihres Unternehmens – mit Respekt und Toleranz kommen Sie immer gut an.

11.8 Komplimente

Jemandem etwas Nettes sagen – manchmal gar nicht so einfach. Versuchen Sie es auf die ehrliche Art und übertreiben Sie nicht. Wenn Sie selbst ein Kompliment bekommen, freuen Sie sich darüber und werten es nicht mit Bemerkungen ab wie: 'Das ist schon ein ganz altes Teil, eigentlich trage ich es gar nicht mehr'. Ein selbstbewusster Mensch nimmt Komplimente gelassen an und bedankt sich.

11.9 Kommunikationsetikette

Das Gespräch mit anderen Menschen ist nicht immer die reine Freude. Desinteresse, Unterbrechungen und fehlender Blickkontakt gehören zu der langen Liste der Dont's.

Ein guter Gesprächspartner hört zu, unterbricht nicht und schaut sein Gegenüber an. Mit kleinen Zustimmungslauten wie 'aha', 'hm' oder Ähnlichem signalisieren Sie, dass Sie dem Gesprächsverlauf folgen. Formulieren Sie klar, konkret, einfach und positiv. Passen Sie sich in Sprechtempo und Lautstärke an und verwenden Sie nur die Fremdworte und Fachbegriffe, bei denen Sie sicher sind, dass Ihr Gegenüber sie auch versteht. Wenn Sie nun noch hin und wieder den Namen Ihres Gesprächspartners verwenden, haben Sie schon viel für ein gutes Gespräch getan.

11.10 Konversation

siehe Small Talk

11.11 Korrespondenz

siehe Briefe

11.12 Kragenformen

Bei den Hemdkragen gibt es vier gängige Formen. Dazu kommen dann einige Variationen in Bezug auf Breite und Länge der Kragen-Enden.

Die beiden Klassiker sind der Kent- und der Haifischkragen. Beide eignen sich für jede Gelegenheit. Der Button-down-Kragen - er wird an den Enden geknöpft - ist eher sportlich und eignet sich deshalb nicht für den offiziellen Bereich.

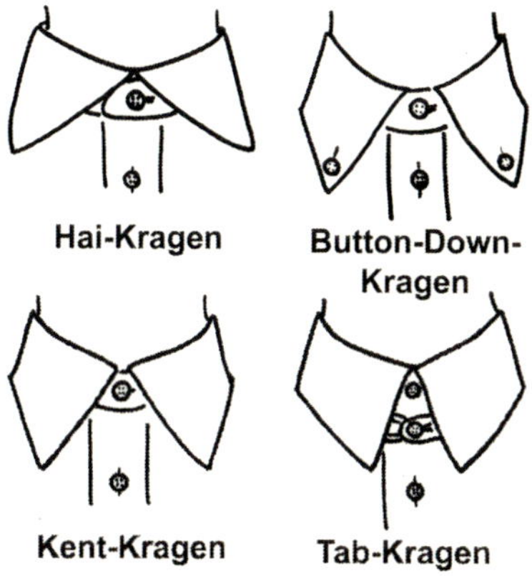

Eine weitere Variante ist der Tab-Kragen. Er hat einen kleinen Steg mit dem die Kragenecken über dem oberen Hemdenknopf verbunden werden. Durch ihn bekommt die Krawatte einen schönen Sitz; er kann deshalb aber auch nie ohne Schlips getragen werden. Für ganz elegante Anlässe eignet er sich nicht.

11.13 Krankenbesuch

Ein netter Mensch ist krank und Sie wollen ihn besuchen. Im Berufsleben werden Sie das nur dann tun, wenn Sie ein persönliches Verhältnis zu dem Patienten haben. Erkundigen Sie sich vor dem Besuch, ob Ihr Kommen erwünscht ist und halten Sie sich an die üblichen Besuchszeiten. Als Mitbringsel eignen sich Schnittblumen (keine weißen Blüten und nichts stark Duftendes), Lektüre und möglicherweise auch Süßigkeiten oder Obst. Ihr Platz ist auf dem Besucherstuhl und nicht auf dem Krankenbett. Ihr Handy bleibt ausgeschaltet und Sie unterhalten sich über den Genesungsverlauf und machen dem Patienten Mut. Dehnen Sie Ihren Besuch nicht zu lange aus.

11.14 Krawatte

Eine Krawatte bietet Ihnen die schöne Möglichkeit, Farbe und Individualität in Ihr Outfit zu bringen. Allerdings gibt es auch hier wieder einige Regeln zu beachten. Die Krawatte wird so gebunden, dass die Spitze auf der Gürtelschnalle endet. Sicherheitshalber kontrollieren Sie den Sitz lieber nach dem Binden noch einmal. Eine Krawatte, die zu kurz gebunden ist, zieht den Blick des Betrachters unweigerlich auf das Stück Hemd, das zwischen Krawattenspitze und Hosenbund hervorlugt.

Eine Krawatte sollte aus hochwertiger Seide sein, für manche Anlässe eignen sich auch solche aus Cashmere oder einem Wolle/Seidegemisch. Stimmen Sie Ihre Krawatte in Farbe und Muster auf Anzug, Hemd und Anlass ab. Comicfiguren, kleine Autos oder ähnliche Motive wirken wenig stilvoll. Auch der handgebatikte Binder, den Ihre Freundin Ihnen zu Weihnachten geschenkt hat, eignet sich nur bedingt. Ansonsten haben Sie die große Auswahl: Uni, Streifen, Punkte, Paisley, Karos oder florale Muster. Kombinieren Sie nach Lust und Laune, vergessen Sie aber Ihren guten Geschmack nicht.

Abends, wenn der Tag zu Ende geht, freut sich Ihre Krawatte über eine schonende Behandlung. Lösen Sie den Knoten vorsichtig und rollen Sie das gute Stück auf. So fühlt sie sich am wohlsten und Sie haben lange Freude an dem edlen Binder.

Die Fliege und das Plastron gehören übrigens auch zur Krawattenfamilie. Beide sind streng genommen

Bestandteil der Abendgarderobe. In den fünfziger Jahren war die Fliege auch tagsüber Trend. Heute wirkt ein Querbinder zum Businessanzug eher exotisch. Also, auch wenn die Fliege praktische Vorteile hat – kleckern ist hier fast unmöglich – bleiben Sie tagsüber lieber bei der Krawatte.

11.15 Krawattenknoten

Es gibt eine Vielzahl von Krawattenknoten, die sich manchmal nur in Nuancen voneinander unterscheiden. Egal, welche Bindeart Sie bevorzugen, der Knoten sollte immer zu Ihrer Gesichtsform und natürlich zur Kragenform passen.

Der vielseitigste Knoten ist der einfache 'Four-in-Hand'. Er sieht bei dicken und dünnen Krawatten gut aus, passt in fast alle Kragenformen und ist durch seine streckende Form

für viele Gesichter günstig.
Der breite Windsorknoten eignet sich gut für Hemden mit einem Hai-Kragen – der Knoten kommt durch die Kragenform schön zur Geltung – ist aber etwas komplizierter zu binden. Herren mit einem schmalen oder länglichen Gesicht steht dieser Bindeform besonders gut.
Experimentieren Sie ruhig auch mal mit anderen Krawattenknoten. Übung macht den Meister.

11.16 Konferenz

siehe Meeting

11.17 Kundenkontakt

siehe Geschäftskontakte

12. L

12.1 Lächeln

Das Lächeln ist ein Türöffner. Es sagt dem Anderen: Ich nehme dich wahr und bin dir freundlich gesinnt.
Es ist ein Friedensangebot und lädt zur Kontaktaufnahme ein. Selbst Ihre Sprache verändert sich bei einem Lächeln und so können Sie es sogar durch das Telefon transportieren.
Natürlich muss Ihr Lächeln auch zur Situation passen. Wenn Ihr Chef eine Abmahnung mit einem Lächeln ausspricht werden Sie sich verunsichert fühlen – meint er das wirklich ernst?
Wir haben gelernt, dass zu unangenehmen oder traurigen Situationen eine andere Mimik gehört. Trotzdem kann ein Lächeln auch bei schwierigen Angelegenheiten entspannen und die Stimmung verbessern. Das Leben wird leichter und angenehmer mit einer freundlichen Ausstrahlung und für die ist ein Lächeln immer wichtig.

13. M

13.1 Mahlzeit

Als Gruß sollten Sie dieses Wörtchen aus Ihrem Wortschatz streichen. Man hört es ständig, ob Sie morgens um zehn auf dem Gang einem Kollegen begegnen oder nachmittags um drei unterwegs zu einer Besprechung sind. Zählen Sie mal, wie oft Sie es an einem einzigen Tag hören. Der beste Weg, dieses Wort auszurotten, dessen eigentliche Bedeutung ja der Wunsch nach einer gesegneten Mahlzeit ist, liegt in der Verweigerung. Sagen Sie also 'Hallo', oder 'guten Tag' oder irgendetwas anderes Nettes. Seien Sie kreativ.

13.2 Manieren

Was sind eigentlich gute Manieren? Jeder Mensch hat da wohl eigene Vorstellungen.
Höflichkeit und Respekt gehören genauso dazu, wie Taktgefühl, Rücksichtnahme und Pünktlichkeit. Halten Sie die gängigen Tischsitten ein, belästigen Sie niemanden mit lauten oder unangemessenen Geräuschen ... Diese Liste lässt sich unendlich fortsetzen.

Das Wichtigste ist aber: Achten Sie darauf, dass es den Menschen in Ihrer Gesellschaft gut geht. Dafür dürfen Sie schon mal die eine oder andere Regel brechen. Betrachten Sie unsere Umgangsformen als Spielregeln, die Ihnen das Miteinander erleichtern sollen. Es wäre falsch, Regeln nur um der Regel willen zu befolgen. Ihr 'Mitmensch' sollte im Mittelpunkt stehen.

13.3 Manschettenknöpfe

Lange Zeit gab es nur weiße Hemden mit Umschlagmanschette, heute finden wir in Farbe und Muster eine breite Auswahl. Zeichen für eine Renaissance der Manschettenknöpfe. Früher galten sie als eher traditionell und wurden hauptsächlich zur Abendgarderobe getragen.

Modebewusste Männer nutzen heute die Möglichkeit, auch mit der Wahl ihrer Manschettenknöpfe Individualität und Stilempfinden auszudrücken. Die Metallfarbe sollte zu Armbanduhr und Gürtel passen und nicht in Konkurrenz zum übrigen Schmuck stehen; vielmehr sollte sich ein harmonisches Bild ergeben.

Fauxpas: Manschettenknöpfe in einfacher Knopfmanschette getragen.

Mantel abnehmen

siehe Garderobe

13.4 Meeting / Konferenz

Meetings, Konferenzen, Besprechungen sind Termine, die zum normalen Berufsalltag dazu gehören.
Ein ideales Meeting beginnt pünktlich. Die Teilnehmer haben rechtzeitig eine Einladung mit der Tagesordnung bekommen und sich gründlich auf diese Veranstaltung vorbereitet. Die Mobiltelefone sind ausgeschaltet und jeder achtet darauf, den Zeitplan einzuhalten. Störungen werden vermieden. Es herrscht eine angenehme Gesprächskultur, man lässt andere ausreden, hört zu und respektiert andere Standpunkte. Jeder bemüht sich um einen konstruktiven und reibungslosen Ablauf.

13.5 Mobiltelefon

siehe Handy

14. N

14.1 Name

Eine der wichtigsten Vokabeln eines Menschen ist sein eigener Name. Dieser macht ihn unverwechselbar. Hört er seinen Namen, fühlt er sich als Individuum wahr genommen.

Nutzen Sie also die namentliche Ansprache, um eine positive Stimmung zu schaffen. Sammeln Sie Pluspunkte, indem Sie sich die Namen Ihrer Gesprächspartner merken und verwenden (belegen Sie notfalls einen Kurs für Gedächtnistraining).

Manche Menschen haben schwierige Namen, die man nicht so leicht versteht. Fragen Sie nach, wenn Sie ihn nicht verstanden haben. Lieber einmal nachfragen und Bescheid wissen, als ihn das gesamte Gespräch hindurch falsch auszusprechen oder gar zu vermeiden, ihn zu verwenden.

Menschen mit einem Doppelnamen sollten auch mit ihrem vollständigen Namen angesprochen werden. Kürzen Sie nicht von sich aus, bietet der Andere aber an: 'Ach, sagen Sie doch einfach ... zu mir', nehmen Sie dieses Angebot sicher gerne an.

Zeigen Sie, wie wichtig Ihnen andere sind und sprechen Sie sie oft (aber nicht zu oft) mit Namen an.

14.2 Niesen

siehe Gesundheit

14.3 Netikette

siehe E-Mail und Internet

15. P

15.1 Papiertaschentuch

Die Erfindung des Papiertaschentuchs ist ein Segen. Kann man doch nun in Schnupfenzeiten einfach das gebrauchte Tuch in den Müll werfen und muss nicht umständlich im, möglicherweise schon mehrmals benutzen, Stofftaschentuch nach einer freien Stelle suchen. Also: Bei einer Erkältung Papiertaschentücher benutzen und nach Gebrauch sofort entsorgen. Das Stofftaschentuch ist für andere Dinge reserviert. Sich beispielsweise den Schweiß abzutupfen oder einer traurigen 'Mitmenschin' Trost zu spenden.

15.2 Peinlichkeiten

siehe Fettnäpfchen

15.3 Piercing

Der Trend zum Körperschmuck ist ungebrochen. Allerdings sind Piercing und Tattoo in vielen Branchen nicht gern gesehen.

Überlegen Sie also gut, womit Sie sich wo schmücken, damit Sie nicht ungewollt auf die Karrierebremse treten. An Stellen, die auch in sommerlicher Kleidung nichts von Ihrem Piercing offenbaren, ist aus Sicht der Etiketteexperten nichts einzuwenden. Mediziner sind da manchmal anderer Ansicht.

15.4 Placement

Bei größeren Veranstaltungen finden Sie am Eingang zum Speiseraum eine Übersichtstafel (Placement), auf der alle Tische mit den jeweiligen Gästenamen verzeichnet sind. So wird vermieden, dass die Gäste mit der Brille in der Hand sämtliche Tische nach Ihrem Platz absuchen müssen.

siehe: Tischordnung

15.5 Platz nehmen

Als höflicher Gast warten Sie, dass Ihnen ein Platz angeboten wird. Als Gastgeber achten Sie darauf, dass Ihr Gast einen angenehmen Sitzplatz hat. Blendfrei und ohne Tür im Rücken. Sie selbst neh-

men anschließend Platz und zwar so, dass Sie sich möglichst nicht frontal gegenüber sitzen. Angenehmer ist eine Platzierung über Eck oder schräg zueinander.
Bei großen gesetzten Essen nehmen die Gäste erst Platz, wenn die Gastgeberin sich gesetzt hat.

15.6 Protokoll

Das Wort Protokoll hat zwei Beutungen: Man schreibt es als Zusammenfassung der Ergebnisse einer Sitzung oder man beachtet protokollarische Regeln für den Ablauf eines Staatsbesuches. Um dieses Protokoll soll es hier gehen.
Um diplomatische Verwicklungen zu vermeiden, gibt es offizielle Regeln, die unter anderem Rangfolge, Kleiderordnung und Tischordnung betreffen. Zuständig ist dafür das Protokollamt der Bundesrepublik Deutschland.
Aber auch bei jeder anderen offiziellen Veranstaltung sollten die Gäste in der protokollarisch korrekten Rangfolge begrüßt werden. Hierfür gibt es ein Ordnungsprinzip.
Begrüßen Sie

1. Den höchsten Repräsentanten der Veranstaltung (Bundespräsident, Ministerpräsident, Landrat, Bürgermeister)
2. Ausländische Gäste vor deutschen Gästen gleichen Ranges
3. Mandatsträger (gewählte Abgeordnete) vor Amtsträgern
4. Regierung vor Richtern
5. Hohe Militärs vor Kirchenvertretern
6. Damen vor Herren (nicht bezogen auf Ehefrauen)
7. Ältere Gäste vor Jüngeren
8. Angehörige einer fremden Institution vor denen der eigenen gleichen Ranges

Ehegatten werden protokollarisch gleichgestellt.

15.7 Pünktlichkeit

Eine unserer wichtigsten Höflichkeitsregeln ist die Pünktlichkeit. Lassen Sie jemanden warten, ist dies immer ein Signal fehlender Wertschätzung. Ihren Status erhöhen Sie dadurch nicht. Niemand sollte es sich leisten, aus Imagegründen unpünktlich zu sein.

Aber wir leben auch in einer schnellen Zeit. Termine werden knapp geplant, der Verkehr ist dichter als erwartet oder das Flugzeug verspätet sich und schon ist an Pünktlichkeit nicht mehr zu denken. Nun heißt es handeln. So bald Sie absehen können, dass Sie den Zeitrahmen nicht einhalten können, rufen Sie an und sagen Bescheid, dass Sie sich verspäten werden. Sind Sie dann endlich am Ziel ist in jedem Fall eine Entschuldigung fällig.

Im privaten Bereich erscheinen Sie bitte nie zu früh zu einer Einladung; lieber noch eine kurze Runde um den Block drehen, als die Gastgeberin noch in Hausschuhen anzutreffen.

Im geschäftlichen Rahmen sollten Sie etwa fünf Minuten vor Beginn der Veranstaltung erscheinen.

Verspäten Sie sich zu einer Sitzung oder Besprechung, nehmen Sie unauffällig Ihren Platz ein und entschuldigen Sie sich in der Pause beim Sitzungsleiter.

Andere Länder haben manchmal auch andere Standards in punkto Pünktlichkeit – von Deutschen wird sie aber immer erwartet.

16. R

16.1 Rangfolgen

Im höflichen Miteinander gibt es deutliche Rangunterschiede.

Die berufliche Position	unabhängig von Alter und Geschlecht
Der Kunde oder Gast	je nach Unternehmenskultur
Das Alter	etwa eine Generation älter
Das Geschlecht	die Dame

Die ranghöhere Person hat Anspruch auf eine bevorzugte Behandlung. In serviceorientierten Unternehmen hat natürlich der Kunde immer Vorrang.

Im täglichen Umgang miteinander ist es gut zu wissen, wer die 'wichtigere' Person ist. Das Grüßen, das Vorstellen, das Öffnen von Türen, alles Situationen, die nach der Rangfolge praktiziert werden.

16.2 Rauchen

An erster Stelle steht die Toleranz auf beiden Seiten. Raucher und Nichtraucher nehmen Rücksicht aufeinander. Jeder Mensch ist für sich selbst verantwortlich und die meisten von uns reagieren auf Erziehungsversuche ärgerlich. Dies bedeutet, rauchfreie Zonen zu respektieren und andere nicht zu belästigen. Vorträge über die gesundheitlichen Risiken sind nicht angebracht.

Ein kleiner Hinweis, ob das Rauchen in einem Raum gestattet ist, sind aufgestellte Aschenbecher. Damit können Sie sicher sein, dass mit Rauchern gerechnet wird. Trotzdem sollten Sie um die Erlaubnis der Anwesenden bitten, wenn Sie der erste sind, der sich eine Zigarette anzündet.

Apropos Aschenbecher: Dieses Gefäß soll dazu dienen, Asche und Zigarettenstummel aufzunehmen. Zahnstocher, Papierstückchen oder gar Apfelreste haben darin nichts verloren. Es ist auch ausgesprochen unhöflich, den 'großen Ascher', also den Fußboden zu benutzen.

Wenn Sie in einem Nichtraucherhaushalt zu Gast sind, gibt es für Sie als Raucher zwei Möglichkeiten: Entweder Sie verzichten für diesen Abend auf den Genuss Ihrer Pfeife, Zigarre oder Zigarette oder Sie fragen den Gastgeber, ob Sie auf dem Balkon, der Terrasse oder vor der Tür rauchen dürfen.

Eine weitere Raucherregel sagt, dass weder ein (Ihnen fremder) Raum, noch ein Gebäude mit einer brennenden Zigarette betreten werden sollte. Die meisten Büros und öffentlichen Gebäude sind heute sowieso rauchfrei. In Restaurants soll es künftig gekennzeichnete Raucherbereiche geben. Auch in Schulen, Diskotheken und öffentlichen Verkehrmitteln gilt das Rauchverbot.

Beim Feuergeben gibt es nicht mehr so viele Stolpersteine. Ein Herr braucht zum Beispiel dabei nicht mehr aufzustehen, eine Dame darf sich auch selbst eine Zigarette anzünden oder auch einem Mann Feuer geben. Rauchende achten einfach untereinander auf ihre Bedürfnisse, Rangfolgen gelten hier nicht mehr.

Pfeifen und Zigarrenraucher sorgen selbst für ihr Feuer.

Bei einer größeren Feier mit einem gesetzten Essen wird erst nach dem Dessert geraucht – nicht zwischen den einzelnen Gängen (Wenn es denn überhaupt erlaubt ist).

Es ist unhöflich, jemanden Rauch ins Gesicht zu pusten oder mit einer brennenden Zigarette im Mund zu sprechen.

16.3 Reden

Anlässe für eine Rede gibt es viele, die Zeit sie optimal vorzubereiten, nimmt sich nicht jeder.
Machen Sie nicht den Fehler und denken, dass Sie 'die paar Worte' einfach so aus dem Ärmel schütteln werden. Überlegen Sie sich vorher den Ablauf und die Struktur Ihrer Rede.
Unterhalten und informieren Sie Ihr Publikum. Ihre Wortwahl und Sprechweise sollten zuhörerfreundlich sein. In der Kürze liegt die Würze und eine Pause ist eine Serviceleistung an den Zuhörer.

siehe Tischrede

16.4 Reisen

In den schönsten Wochen des Jahres wollen wir vor allem eins: Die freien Tage genießen. Egal, ob auf Safari in Afrika, beim Wandern in den Bergen oder beim Baden an der See – immer sind wir mit anderen Menschen zusammen. Manchmal sprechen Sie unsere Sprache oder wir erleben fremde und aufregende Kulturen.

Auf Reisen sind wir Gäste im jeweiligen Land – und so sollten wir uns auch verhalten. Wer sich unterwegs höflich, freundlich und respektvoll verhält, wird es leichter haben, als der typische besserwisserische und nörgelnde Urlauber, der so gern zitiert wird.

Bereiten Sie sich auf Ihr Urlaubsziel vor. Das ist besonders bei exotischen Reisezielen empfehlenswert. Informieren Sie sich immer über die Gepflogenheiten und Tabus. So entstehen erst gar keine Unsicherheiten und Sie können souverän mit den, für Sie fremden, Gewohnheiten umgehen.

Rücksicht auf Andere ist auch in den Ferien ein Muss. Laute Geräusche, vordrängeln oder ständiges Gemecker fördert nicht gerade die Erholung. Die Tatsache, dass Sie an Ihrem Urlaubsort niemand kennt, sollte Sie nicht dazu verleiten, sich all die Peinlichkeiten zu erlauben, die Urlaubern im Allgemeinen nachgesagt werden.

Bei Besichtigungstouren achten Sie auf eine angemessene Kleidung – zu viel nackte Haut sollten Sie beim Besuch von religiösen Stätten vermeiden.

Kirchen, Museen oder Bibliotheken sind Orte der Stille. Der Verzehr von Eis oder Pommes frites in solchen Gebäuden ist auch im eigenen Land nicht angebracht.

Wer mit einer Reisegruppe unterwegs ist, achtet unbedingt auf die Pünktlichkeit. Es ist hilfreich, bei Reisedokumenten, Tickets und Schlüsseln eine gewisse Ordnung zu halten.
Machen Sie sich mit Ihren Reisegefährten bekannt, das erleichtert den guten Kontakt zueinander ungemein. Am Ende der Reise denken Sie an ein Trinkgeld für den Busfahrer, der Sie sicher von einem Ort zum anderen transportiert hat.
Wer eine Kreuzfahrt gebucht hat, sollte sich vor Reiseantritt informieren, wie der Dresscode auf dem Schiff aussieht. Es wäre doch ärgerlich, wenn Sie wegen eines fehlenden Anzugs nicht am 'Captain's Dinner' teilnehmen könnten.

siehe Geschäftsreise und Hotel

16.5 Reklamationen

Es ist ärgerlich, wenn etwas daneben geht. Meistens gehen wir bei Pannen sofort auf die Suche nach dem Schuldigen. Bevor Sie dann aber gleich los legen und Ihrem Ärger Luft machen, atmen Sie bitte erstmal tief durch. Überlegen Sie, ob der arme Mensch wirklich für das Unglück verantwortlich ist.

Eine Reklamation ist umso erfolgreicher, je höflicher und sachlicher sie vorgetragen wird. Sagen Sie möglichst konkret, was schief gegangen ist und bitten Sie um Abhilfe. Nur wenn Sie mit einer persönlichen Reklamation keinen Erfolg haben, sollten Sie Ihr Anliegen schriftlich formulieren.

16.6 Restaurant

siehe Bewirtung im Restaurant und Geschäftsessen

16.7 Rücksicht

Achtung, Aufmerksamkeit, Einfühlungsvermögen sind nur einige Aspekte der Rücksicht. Sie ist die Basis des höflichen Miteinanders. Jeder Mensch hat rücksichtsvolles Verhalten verdient, auch wenn er keinen Sympathiepreis von Ihnen bekommen würde.

17. S

17.1 Sauna

Ein Saunabesuch dient der Gesundheit und dem körperlichen Wohlbefinden. Im deutschsprachigen Raum und in Skandinavien ist der textilfreie Saunabesuch üblich. Anders ist das in Großbritannien, den USA und in Asien. Hier ist häufig Badebekleidung Pflicht. Informieren Sie sich besser vor dem Saunagang, ob das Adamskostüm angesagt ist.

Vor dem Saunagenuss duschen Sie Schweiß und Schmutz weg und trocknen sich gründlich ab. Beim Betreten der Sauna grüßen Sie freundlich und legen ein Handtuch auf Ihren Platz, bevor Sie sich setzen.

Sie befinden sich an einem Ort der Entspannung – nehmen Sie also Rücksicht und unterhalten Sie sich nur leise.

Die gemischte Sauna ist keine Kontaktbörse. Anstarren und Anmache sind also tabu.

17.2 Schmuck

Die Auswahl an Schmuck für Herren ist in letzter Zeit enorm gewachsen. Allerdings sind die Kollektionen auf die junge und sportliche Klientel ausgerichtet. Und (nur) für diese Männer sind sie auch gedacht.
Grundsätzlich braucht ein Mann mit Stil nicht viel Schmuck. Armbanduhr, Manschettenknöpfe, Ehering, eventuell einen Siegelring, das war's dann schon.
'Wo bleibt denn da meine schöne Krawattennadel', werden sich manche nun fragen. Die ist immer noch nicht wieder aktuell. Wer sie trotzdem tragen möchte, sollte auf ein schlichtes Design achten. Übrigens wird sie in Bauchhöhe getragen und ist damit unter dem geschlossenen Sakko unsichtbar.
Manschettenknöpfe und Uhr sollten mit der Farbe der Gürtelschnalle übereinstimmen. Mit dieser sparsamen Schmuckauswahl sind Sie für das Berufsleben gut gerüstet. Im Privatleben darf es dann auch mal eine Kette, ein Armband oder der beliebte Ohrstecker sein – wenn das zu Ihnen und Ihrem Stil passt. Denken Sie aber an den berühmten Satz:' Weniger ist manchmal mehr'.

17.3 Schuhe

Bei Schuhen sollten Sie stets Wert auf Qualität legen. Diese Investition macht sich bezahlt, denn sie wertet Ihr Erscheinungsbild immer auf. Auf der anderen Seite kann schlechtes Schuhwerk ein ansonsten perfektes Outfit komplett ruinieren.

Im Geschäfts- und Gesellschaftsleben existieren einige Regeln zur Fußbekleidung aber in der Freizeit haben Sie die große Auswahl.

In allen Bereichen gilt aber Eines immer: Achten Sie auf den Zustand Ihres Schuhwerks. Ausgetretene Schlappen, schmutzverkrustete Stiefel oder Budapester mit schief gelaufenen Absätzen wirken in jeder Situation ungepflegt. Und leider achten viele Menschen auf solche vermeintlichen 'Kleinigkeiten'. Schuhe putzen ist also angesagt.

Um lange Freude an teueren Schuhen zu haben, sollten Sie Folgendes beachten:

- Reinigen Sie Ihre Schuhe mit einer guten Lederpflege
- Lagern Sie Ihre Schuhe im Schrank, sie mögen keinen Staub
- Schuhspanner schützen vor Sorgenfalten
- Ein Schuh freut sich über einen Tag Pause von der Arbeit

Kontrollieren Sie Sohlen und Absätze regelmäßig auf ihren Zustand

Dies waren nun einige Hinweise zur Pflege Ihrer Treter – aber welcher Schuh passt zu welchem Outfit? Die Wahl hängt natürlich von Ihrem Beruf und Ihrer Position ab.

Ein 'no-go' für alle Bereich sind die im Sommer häufig gesehenen Sandalen, die mit Socken – vorzugsweise in graubraun – getragen werden.

Der korrekte Schuh zum Anzug ist ein Schnürschuh aus Leder. Die Klassiker heißen Oxford, Derby, Brogue oder Budapester. Und je höher die Qualität, desto besser. Farblich haben Sie die Wahl zwischen Schwarz und Braun (eigentlich nur kirschholzbraun). Beachten Sie den immer noch existierenden Satz: 'No browns after six', der bedeutet, dass nach 18.00 Uhr nur schwarze Schuhe zu tragen sind. Das war früher die Zeit, zu der das gesellschaftliche Leben begann und zur Abendgarderobe sind auch heute noch die schwarzen Schuhe üblich.

Wenn Sie in einer sehr traditionellen Branche arbeiten, sollten Sie gut überlegen, wie Sie die modischen braunen Schuhe kombinieren. Ansonsten lockert sich diese früher strenge Regel gerade. Rauhlederschuhe und Loafer (das sind rahmengenähte Slipper) eignen

sich nur für den betont sportlichen Businesslook oder zum halboffiziellen Geschäftsanzug.
Für den Casualbereich eigenen sich auch Edelsneaker. Tennisschuhe tragen Sie zum Tennis, Joggingschuhe im Wald und Golfschuhe auf der Driving-Range; wo anders gehören sie nicht hin. Und Sandalen der Marke 'Waldbrandaustreter' lässt Mann lieber gleich im Geschäft.
Ein Trost zum Schluss: Zu Hause dürfen Sie tragen was Sie wollen (oder was Ihre Partnerin akzeptiert). Empfangen Sie aber keine Gäste in Hausschuhen! Und erwarten Sie niemals, dass Gäste in Ihrem Hause das Schuhwerk ablegen. Ein, wie auch immer gearteter, Hausschuh zerstört jedes Outfit und barfüßige Gäste werden sich nur im Ausnahmefall wohl fühlen.

17.4 Smalltalk

Small Talk ist heute wichtig wie nie. Trotzdem hat er immer noch ein schlechtes Image. Da ist von belanglosem Geschwätz, Oberflächlichkeit oder von Zeitverschwendung die Rede.
Immer wenn Sie in Kontakt mit anderen Menschen kommen, können Sie mit ein paar netten Worten die

Richtung des Gespräches bestimmen. Wer mit guter Laune und einer positiven Einstellung in ein Gespräch startet, hinterlässt bei der lockeren Plauderei so ganz nebenbei einen guten Eindruck.

Das funktioniert mit einer guten Vorbereitung und der entsprechenden Übung sehr viel besser. Sie kennen alle dieses unbehagliche Schweigen, wenn jeder grübelt, was er jetzt Intelligentes sagen könnte. Dagegen kann man etwas tun.

Der Sinn eines Small Talks ist, die gemeinsame Wellenlänge zu testen. Er schafft eine Vertrauensbasis und ist der Türöffner für ernstere Gespräche.

Small Talk bedeutet, auf die Bedürfnisse anderer einzugehen und sich selbst in angemessener, höflicher Form darzustellen. Es geht um eine gemeinsame Basis und nicht um Intelligenz oder Besserwisserei.

Wer mit der richtigen Einstellung eine Unterhaltung beginnt, hat den ersten Schritt in die richtige Richtung getan. Eine positive, freundliche und offene Haltung ist eine wichtige Station auf Ihrem Weg zum Small Talk Profi.

Ein guter Gesprächsteinstieg ist eine offene Frage. Interessieren Sie sich für Ihren Gesprächspartner, halten Sie keine Monologe und achten Sie darauf, dass Sie beide in etwa die gleiche Redezeit haben.

Beachten Sie aber diese beiden Faustregeln:

1. Interesse ja - Neugier nein
2. Keine Fragen stellen, die Sie selbst auch nicht beantworten würden

Themen, über die man reden kann, gibt es wie Sand am Meer. Mit etwas Vorbereitung fällt selbst dem phantasielosesten Menschen etwas ein. Lesen Sie die Tageszeitung (Feuilleton und Sportteil), hören Sie Radio, sehen Sie sich interessante Sendungen im Fernsehen an, nutzen Sie das Internet. Kurz: Informieren Sie sich!

Natürlich gibt es auch Dinge, über die man nicht spricht. Krankheit und Tod gehören genauso dazu, wie Politik, Religion oder Geld. Vermeiden Sie Klatsch und Tratsch und Kritik an Anwesenden.

Ein negativer Gesprächseinstieg ('Schon wieder sind die Benzinpreise gestiegen, wer soll das noch bezahlen?') ist kein guter Anfang für ein Gespräch. Im Small Talk hat Gezeter und Gejammer nichts verloren. Es geht um lockere, leichte Unterhaltung in angenehm entspannter Atmosphäre.

Der Small Talk lebt von vielen unterschiedlichen Gesprächspartnern. Klammern Sie sich nicht an eine Person. Verabschieden Sie sich kurz und zwanglos und suchen Sie neue nette und interessante Menschen, mit denen Sie plaudern können.

17.5 Smoking

Die klassischen Farben für den kleinen Gesellschaftsanzug, wie der Smoking auch genannt, wird, sind schwarz und mitternachtsblau. Sie haben die Wahl zwischen einem Einreiher und der zweireihigen Variante. Wofür Sie sich entscheiden, ist Geschmackssache. Die Hose hat keinen Aufschlag, dafür aber einen Satinstreifen an der Seite und keine Gürtelschlaufen. Sie brauchen also möglicherweise Hosenträger.

Begleitet wird der Anzug von einer – möglichst selbstgebundenen – schwarzen Schleife und einem Smokinghemd. Dieses sollte eine verdeckte Knopfleiste und Doppelmanschetten haben. Der Vatermörderkragen wird zum Zweireiher getragen. Zum Einreiher wählen Sie den Umlegekragen in Haifischform. Eine schwarze Weste oder ein Kummerbund, schwarze, feine Kniestrümpfe und schlichte, auf Hochglanz polierte schwarze Schnürschuhe im Oxfordstil, komplettieren Ihr Abendoutfit. Die Bezeichnung Abend ist hier wörtlich gemeint, der Smoking wird abends in geschlossen Räumen getragen und eignet sich nicht für eine festliche Tagesveranstaltung.

17.6 Sommelier

Auf mittelalterlichen Burgen kümmerte sich früher der Mundschenk um das Wohl der Gäste.
Heute gibt es in vielen guten Restaurants den Sommelier, den Weinfachmann, der Inhaber und vor allem Gäste bei der Weinauswahl berät. Er wird Ihnen helfen, den optimalen Wein für Ihr bestelltes Menu zu finden.

17.7 Statussymbole

Mein Haus, mein Pferd, mein Swimmingpool – Prestigeobjekte, die den gesellschaftlichen Status anzeigen sollen. Manche Menschen gehen sehr offensiv damit um und präsentieren ihre Statussymbole in unangenehmer Weise. Die leisen Töne sind in dieser Sache sehr viel angenehmer. Zurückhaltung und Understatement kommen wesentlich besser an.
Schreibgeräte, Armbanduhren, Aktentaschen, Timeplaner, Handhelds – Accessoires, die zu den Statussymbolen zählen. (Das Handy gehört heute nicht mehr dazu.) Achten Sie auf gute Qualität und lassen Sie sich nicht durch billige Imitationen verführen - das wirkt immer peinlich.

Ein guter Stift, eine Aktentasche aus Leder, ein aufgeräumter Timeplaner sind viel stilvoller, als der Werbekuli, die Uhr aus Fernost oder die Sonnenbrille vom Discounter.

18. T

18.1 Tanzen

Tanzen liegt im Trend: Tango, Salsa, Discofox sind beliebter denn je.

Wenn Mann tanzen möchte, wird er eine Frau zum Tanzen auffordern. Umgekehrt geht das natürlich auch. Nun muss es heute nicht mehr das althergebrachte 'darf ich bitten' sein. 'Wollen wir / möchten Sie tanzen?', genügt vollkommen. Auch die Anzahl der Verbeugungen hat sich deutlich reduziert. Allenfalls ein angedeutetes Nicken, wenn Sie Ihre Partnerin nach dem Tanz zu ihrem Platz begleiten, ist üblich. Ansonsten ersetzen Lächeln und Blickkontakt den steifen 'Diener'.

Auf einem Ball sind Pflichttänze aus der Mode gekommen. Früher musste jede Dame am gemeinsamen Balltisch mindestens einmal zum Tanz aufgefordert werden. Wenn Sie aber mit Freunden zu einer Tanzveranstaltung gehen, ist es eine schöne Angewohnheit, mit verschiedenen Partnern zu tanzen. Das tun Sie dann aber freiwillig und nicht 'weil es sich so gehört'.

18.2 Telefon

Wir gehen täglich mit diesem wichtigen Kommunikationsmittel um und liefern ständig eine kleine auditive Visitenkarte ab. Am Telefon haben wir für den positiven Eindruck nur unsere Stimme.

Wie sollte nun eine gute 'Telefonvisitenkarte' aussehen?

Am besten ist es, wenn Sie nach dem zweiten Klingeln den Hörer abnehmen. So erschrecken Sie niemanden und es wird auch keiner ungeduldig.

Melden Sie sich mit dem Tagesgruß und dem Vor und Zunamen, das gibt dem Gesprächspartner die Möglichkeit, sich auf Ihre Stimme und den Tonfall einzustellen. Im beruflichen Bereich gehört zur Namensnennung der Firmenname. Die Reihenfolge ist dann so: 'Guten Tag, Mustermann AG, Martha Muster'.

Bitte denken Sie daran, zwischen die einzelnen Teilen Pausen einzubauen: 'Gutntachmustermannagemarthamuster', liest sich nicht nur schwer – man versteht es auch nicht!

Begrüßen Sie Ihren Gesprächspartner freundlich. Auch der zweiunddreißigste Anrufer hat noch ein Recht auf eine freundliche Begrüßung. Wenn Sie seinen Namen wissen, sprechen Sie ihn auch damit an.

Notieren Sie den Namen des Anrufers und sprechen ihn während des Gesprächs ein- bis zweimal mit seinem Namen an. So zeigen Sie Interesse.

Hören Sie genau zu und machen Sie sich Notizen.

Konzentrieren Sie sich ganz auf Ihren Gesprächspartner. Wenn Sie nebenbei Männchen malen, ein Computerspiel spielen oder den Geschirrspüler ausräumen, spürt Ihr Gesprächspartner, dass Sie nicht bei der Sache sind.

Fassen Sie den Inhalt des Anrufs zum Schluss kurz zusammen. So können Sie testen, ob für beide die gleichen Informationen vorhanden sind

Verabschieden Sie sich freundlich. Ein Lächeln hört man auch am Telefon.

Behalten Sie die Uhr im Auge und beachten Sie die korrekten Anrufzeiten. Im Geschäftsleben sollten Sie zu den üblichen Geschäftszeiten anrufen. (Bei Handwerkern etwas früher als in den Büroetagen). Im Privatleben ist es höflich, nicht vor neun Uhr morgens zu stören. Hier sollte auch eine Mittagsruhe von ca. 12.30 bis 15.00 Uhr eingehalten werden. In einem für Sie fremden privaten Haushalt dürfen Sie bis 20.00 Uhr anrufen. Bei Freunden, Bekannten und Verwand-

ten, deren Tagesablauf Sie ja wahrscheinlich kennen, richten Sie sich nach deren Gepflogenheiten.
Die alte Regel, dass man während der Tagesschau nirgends anrufen darf, gilt nicht mehr. Heute gibt es eine Fülle von Nachrichtensendungen, sodass jeder sich jederzeit informieren kann.

18.3 Theater

Früher hat man sich schick gemacht, wenn man ins Theater ging. Heute ist das nicht mehr undbedingt so. Bei der großen Anzahl unterschiedlicher Bühnen und Aufführungen – von avantgardistisch bis klassisch – ist ein Dresscode auch gar nicht so leicht auszumachen.
Je jünger und moderner eine Inszenierung, desto legerer wird auch der Kleidungsstil des Publikums sein. Trotzdem ist so eine Veranstaltung ja auch ein Ereignis, das für die meisten von uns nicht unbedingt alltäglich ist. Also sollte sich auch unsere Kleidung von der Alltagskluft unterscheiden. Das heißt natürlich für jeden etwas anderes. Jemand, der immer im Anzug präsent sein muss, fühlt sich oft im etwas legereren Freizeitlook wohler. Das ist auch absolut in Ordnung – allerdings muss Ihr Outfit in einem tadellosen Zu-

stand sein. Ausgebeulte Jogginghosen oder zerrissene Jeans sind damit nicht gemeint.

Im Allgemeinen können Sie sich gut an der Ausrichtung des Theaters orientieren. Bei traditionellen Bühnen ist auch das Publikum eher klassisch gekleidet. Wenn Sie dagegen zu einer Comedy-Veranstaltung gehen, werden Sie viele Menschen in Jeans antreffen.

Für eine Opernaufführung, besonders, wenn es sich um eine Premiere handelt, sollten Sie sich für die Abendgarderobe entscheiden. Es muss ja nicht der Smoking sein; aber Sie werden sich wohler fühlen, wenn Sie sich dem Rahmen der Veranstaltung angepasst haben. Auch ein Foyer ist schließlich so etwas wie eine Bühne, auf der jeder jeden betrachtet.

Foyer ist auch das nächste Stichwort. Drängeln, schubsen oder Anderen auf die Füße treten ist nicht erlaubt. Beachten Sie rauchfreie Zonen (wahrscheinlich wird demnächst in keinem Theater mehr geraucht werden dürfen) und stellen Sie sich am Getränkeausschank schön in der Reihe an. Ganz Clevere bestellen ihre Snacks und Getränke schon vor Beginn der Vorstellung zur Pause und können dann ganz entspannt genießen.

Nehmen Sie Ihre Plätze rechtzeitig ein. Besonders, wenn Sie Karten für die mittleren Sitze haben. Erfahrungsgemäß klappt das nicht immer. Dann müssen Sie wohl oder übel an den bereits sitzenden Zuschauern vorbei. Bitte wenden Sie Ihre Vorderfront denjenigen zu, die nun Ihretwegen aufstehen müssen. Bedanken Sie sich und versuchen Sie, ohne jemandem auf die Zehen zu steigen, vorbei zu kommen. Sind Sie dann an Ihrem Platz angekommen, grüßen Sie Ihre Sitznachbarn freundlich. Schließlich werden Sie einen Abend auf recht engem Raum gemeinsam verbringen – da erleichtert ein freundlicher Gruß die ungewollte Nähe sehr. Spätestens jetzt ist der allerletzte Zeitpunkt, das Handy auszuschalten.

Sobald das Licht erlischt, beginnt das allgemeine Husten und Schnaufen. Bitte beteiligen Sie sich nicht daran. Mit einer Bronchitis gehören Sie ins Bett und nicht ins Theater. Machen Sie doch in solchen Fällen lieber der netten Nachbarin eine Freude und verschenken Sie Ihre Karte.

Aber der Hustenreiz kann einen ja auch ohne ernsthafte Erkrankung erwischen. Mit einem Lutschbonbon lässt sich dieser Anflug gut lindern. Wählen Sie aber solche, die sich ohne großes Knistern aus der Packung nehmen lassen.

Mir fällt auf, dass immer mehr Menschen Schwierigkeiten haben, einem Stück zu folgen ohne Kommentare abzugeben. Das ist bei einer Theateraufführung natürlich fatal. Was vor der häuslichen Flimmerkiste gar kein Problem ist, wird hier zur Störung für viele. Auch mitgesummte Arien sind selten ein Kunstgenuss für die Sitznachbarn.

Ihr Applaus ist der Lohn und die Anerkennung für die Darsteller. Aber sogar für das Klatschen gibt es Regeln: So ist beispielsweise Auftrittsapplaus – im Gegensatz zu Volkstheatern – in Opernvorstellungen verpönt. Während des Besuchs eines klassischen Konzertes klatschen Sie nicht zwischen den einzelnen Sätzen; weniger Kundige warten lieber auf die Reaktion des übrigen Publikums.

Nach alter Sitte wird in einem Gotteshaus nicht geklatscht. Heute finden aber so viele kulturelle Veranstaltungen in Kirchen statt, dass diese Regel keine Gültigkeit mehr hat. Zeigen Sie also auch in einem Gotteshaus, wie gut Ihnen die Vorstellung gefallen hat.

Natürlich wird aber in Gottesdiensten nach wie vor nicht applaudiert. Auch nicht, wie ich es kürzlich erlebt habe, bei einer Hochzeit. Da brachen die Gäste in laute Beifallsstürme aus, als der Bräutigam die Braut küsste.

Eine gelungene Aufführung wird mit lang andauerndem Applaus gewürdigt, manchmal auch mit 'Standing Ovations' und Bravo-Rufen. Planen Sie diese zusätzliche Zeit mit ein und drängeln sich nicht nach dem ersten Beifall durch die Reihen, nur weil es dann an der Garderobe noch leer ist oder Ihre Bahn jetzt fährt.

Nach dem Ende der Vorstellung beginnt der große Run auf die Mäntel. Warten Sie lieber einige Minuten ab, bis der größte Andrang vorbei ist. Das spart Nerven.

Ein höflicher Mann wird sich um die Garderobe seiner Begleitung kümmern. Am besten zieht er erst seinen eigenen Mantel an. Dann hat er nämlich beide Hände frei, um Ihr behilflich zu sein

18.4 Tischordnung

Über eine gelungene Tischordnung hat sich schon so mancher den Kopf zerbrochen. Mit einer Zuordnung der Gäste an einem Tisch möchte der Gastgeber den Status der Gäste würdigen und angenehme Gespräche ermöglichen. Bei einem zwanglosen Essen mit Freunden oder Verwandten, werden Sie sich wahrscheinlich nicht mit einer Platzierung der Gäste auseinandersetzen. Aber schon eine größere Feier, beispielsweise zu einem runden Geburtstag, lohnt diese Mühe.

Für den Erfolg eines Festes kann eine gut zusammengestellte Sitzordnung ausschlaggebend sein. Denn damit können Sie bestimmen, ob der liebe Onkel Otto von seiner Lieblingsnichte unterhalten wird oder die smalltalkbegabte Freundin den etwas schüchternen Kollegen aus der Reserve locken kann. Eine Tischordnung erlaubt eine sinnvolle Durchmischung des Gästekreises und berücksichtigt Vorlieben wie Abneigungen.

Natürlich sind auch Rangfolgen zu beachten. Auf dem öffentlichen Parkett kann eine nicht berücksichtigte Rangfolge zu Missstimmung oder gar zu Verwicklungen führen. Auch im Verwandtenkreis kann es pikierte Reaktionen geben, wenn sich jemand schlecht platziert fühlt.

Grundsätzlich gilt die Regel: Je näher jemand an Gastgeberin und Gastgeber sitzen darf, desto geehrter ist er. Und je offizieller der Rahmen, desto wichtiger ist es, diese Regel zu beachten.

Ein männlicher Ehrengast bekommt seinen Platz an der rechten Seite der Gastgeberin, der weibliche sitzt rechts neben dem Gastgeber. Dies ist übrigens eine internationale Regel, die sich inzwischen auch bei uns auf dem offiziellen Parkett eingebürgert hat. Früher hat die Gastgeberin an der anderen Seite des Ehrengastes gesessen.

Wir platzieren, wenn möglich, immer paarweise, wobei der Herr, der an der linken Seite einer Dame sitzt, ihr Tischherr ist. Lädt ein Paar ein, so sitzen sich der Gastgeber und die Gastgeberin im Idealfall gegenüber. Eine Ausnahme machen hier Brautpaare oder Jubilare.

Damen und ausländische Gäste sollten möglichst nicht am Ende einer Tafel platziert werden.

Die alte Regel, nach der Ehepaare immer auseinander gesetzt werden müssen, hat sich in eine 'Kann-Bestimmung' gewandelt; bei offiziellen Essen wird sie aber immer noch eingehalten.

Wenn bei Ihrer Feier oder Veranstaltung das offizielle Protokoll eher eine nebensächliche Rolle spielt, sollten Sie bei der Planung einer Tischordnung das Wohlbefinden der Gäste in den Vordergrund stellen.

Eine gute Möglichkeit, das Oben und Unten einer Tafel zu verhindern, sind runde Tische. Hier fühlt sich jeder Gast gleich geehrt.

Achten Sie darauf, Ihre Gäste so zu mischen, dass für jeden angenehme und interessante Gespräche möglich sind.

Bei Geschäftsessen ist eine schriftliche Tischordnung nur im größeren Rahmen angebracht.

Geht ein Berater mit seinem Kunden zum Essen, sitzt nach offizieller Lesart der Kunde an der rechten Seite

des Beraters. Praktischer, weil kommunikativer, ist eine Platzierung über Eck (Kunde rechts vom Berater). Sie könnten sich natürlich auch vis-a-vis setzen.
Eine gute Tischordnung zu erstellen, ist eine Herausforderung. Sie erledigt sich nicht im Vorbeigehen, sondern braucht genügend Zeit und Überlegung.

18.5 Tischrede

Selbstverständlich sollte jede Tischrede vorbereitet sein. Neben dem Inhalt gehören auch folgende Punkte zur Vorarbeit:
Sprechen Sie den Zeitpunkt Ihrer Rede mit Gastgeber und Servicepersonal ab.
Wurde früher die Rede nach der Suppe gehalten, so ist heute der richtige Zeitpunkt nach dem Hauptgang. So wird die Küche entlastet, denn welcher Koch weiß schon, wer wie lange reden will – und die Gäste möchten schließlich kein verkochtes Gemüse vorgesetzt bekommen. Sind mehrere Redner vorgesehen, verteilen sich die einzelnen Reden in die Pausen zwischen den Gängen (Absprache).
Fassen Sie sich kurz!
Sprechen Sie möglichst frei. Lesen Sie Ihre Rede keinesfalls vollständig ab.

Selbstverständlich erheben Sie sich zum Sprechen. Schenken Sie sich aber das Klopfen an ihr Glas.
Eine Tischrede wird immer mit einem Toast beendet.

18.6 Tischsitten

Wenn es um gutes Benehmen geht, denken viele Menschen sofort an die Tischmanieren.
Unsere Tischsitten waren schon immer ein Gradmesser für die Qualität der Kinderstube. Daran hat sich bis heute nichts geändert. Im Gegenteil, viele Unternehmen prüfen bei einem mehrgängigen Menu schon mal, wie es um das gute Benehmen des neuen Mitarbeiters bestellt ist, bevor der Vertrag endgültig unter Dach und Fach gebracht wird. Manchmal steht sogar die Partnerin mit auf dem Prüfstand.
Es gibt Unternehmen, da gehört ein gemeinsames Essen mit zum Auswahlverfahren für Auszubildende.
Es lohnt sich also, sich etwas ausführlicher mit dem Thema zu befassen.
Das ist immer wichtig:

kKorrekte Sitzhaltung

Die gerade nicht benutzte Hand wird auf den Tisch gelegt (bis zum Handgelenk)

Die Ellenbogen gehören nicht auf den Tisch

Geräuschlos essen

Nicht mit vollem Mund reden

Vor dem Trinken den Mund abtupfen

Mit leerem Mund trinken

Die Serviette benutzen

Die Sprache des Bestecks beachten

Das Glas am Stiel anfassen

Die Brot-Brech-Regel beachten

Rauchen, wenn überhaupt, erst nach dem Dessert

Nach den Grundregeln nun die Einzelheiten.

Die Serviette

Die Serviette legen Sie vor dem Servieren des ersten Ganges auf den Schoß. Bitte auf keinen Fall in Hemdkragen oder Hosenbund stopfen!

Günstig ist es, sie einmal zu falten und zwar so, dass die obere Hälfte ca. fünf Zentimeter kürzer als die untere ist. Zum einen rutscht sie nicht so leicht und Sie haben die Möglichkeit, Spuren, die beim Abtupfen des Mundes in der Serviette bleiben, zu verdecken, wenn Sie mit der oberen Innenseite den Mund abtupfen.

Wichtig: Während des Essens, vor dem Trinken den Mund abtupfen. Es sieht nicht appetitlich aus, wenn Speisereste am Kristallglas kleben!

Nach dem Essen wird die Serviette locker zusammengelegt und links neben dem Gedeck deponiert. Zusammengeknüllt auf dem Teller hat sie nichts verloren.

Selbstverständlich gibt es, was das gute Benehmen anbelangt, keinen Unterschied zwischen einer Stoff- und einer Papierserviette.

Das Besteck

Sie sind zu einem festlichen Essen eingeladen, werden an den Tisch geführt, nehmen Platz. Vor Ihnen liegt malerische eine ganze Batterie der unterschiedlichsten Besteckteile. Ihr Gegenüber guckt schon ganz verschreckt – aber Sie erinnern sich noch gut an die Szene aus 'Pretty woman' (schließlich mussten Sie den Film schon fünfmal mit Ihrer Freundin gucken) und wissen genau: Es wird von außen nach innen gegessen.

Wenn Ihnen der erste Gang serviert wird, benutzen Sie das äußere Besteck. Dieses wird nach Beendigung des Ganges mit abgedeckt. So arbeiten Sie sich vor, bis nur noch das Dessertbesteck – das liegt oben quer – übrig bleibt. In der gehobenen Gastronomie wird Ihnen dieses vor dem Dessert vom Service zurechtgelegt.

Manche Besteckteile werden Ihnen auch direkt mit der Speise gebracht. Warten Sie also lieber ab, was da so kommt, bevor Sie das Besteck zur Hand nehmen.

Die Sprache des Bestecks – Der richtige Umgang mit den 'Esswerkzeugen'.

Damit sind allerdings weniger die Finger gemeint, sondern die Hilfsmittel, die uns zum angenehmen Verspeisen der Nahrung dienen.

Mit Ihrem Besteck können Sie wortlos mit dem Servicepersonal kommunizieren. Sie teilen mit, ob Sie mit dem Essen fertig sind, eine kurze Pause einlegen oder etwas nachgelegt bekommen möchten.

Das Besteck wird parallel auf der rechten Seite des Tellers abgelegt, etwa in 'fünf Uhr' Position, wenn die Mahlzeit beendet ist. Das Messer liegt dann über der Gabel (von Ihnen aus gesehen) und die Messerschneide zeigt zur Gabel. Die Wölbung der Gabel zeigt nach unten.

Das Besteck auf der linken Seite des Tellers zu platzieren ist falsch. Einige Menschen denken, dass sie damit zum Ausdruck bringen können, dass es ihnen nicht geschmeckt hat. Dieses ist keine anerkannte Regel und wird deshalb auch nicht so interpretiert.

Möchten Sie während des Essens eine kurze Pause einlegen, etwa um etwas zu trinken, parken Sie Ihr Besteck gekreuzt auf dem Teller. Hier bleibt es Ihnen überlassen, ob die Gabel mit der Wölbung nach oben oder nach unten liegt, die Schneide des Messers zeigt aber immer nach innen.

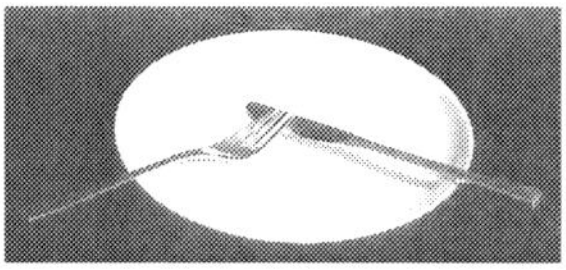

Beachten Sie die Regel:

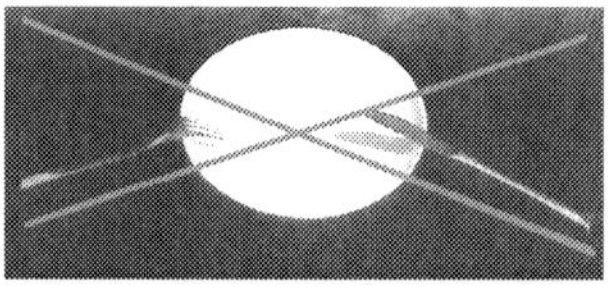

Benutztes Besteck berührt die Tischdecke nicht wieder.

Wird eine Speise mit einem Unterteller serviert, z.B. der Krabbencocktail oder eine Suppe in der Suppentasse, so wird das entsprechende Besteck auf diesem Teller (rechte Seite) abgelegt. Der Platzteller gilt hier allerdings nicht als Unterteller und dient somit nicht zur Aufnahme der Besteckteile. Auch der Kaffee- oder Teelöffel gehört nach dem Gebrauch (ohne ihn abzulecken) auf die Untertasse.

Das kleine Brotmesser, das bei einem Menu auf dem Brotteller eingedeckt ist, bleibt dort nach dem Gebrauch liegen.

Zum Schluss noch eine gute Nachricht für Linkshänder. Sie dürfen heute das Besteck so benutzen, wie Sie am besten damit umgehen können. Wechseln Sie bitte nur das gerade benötigte Besteck von Hand zu Hand.

Spezialbestecke

Für manche Speisen gibt es eine Reihe von, manchmal abenteuerlich anmutenden, Spezialwerkzeugen. Die wichtigsten finden Sie hier:

Austerngabel: kleine dreizackige Gabel

Austernbrecher: messerähnliches Gerät mit stumpfer Spitze

Gourmetlöffel: flacher Löffel mit einer Einbuchtung an der Seite. Er eignet sich gut zum Aufnehmen von Sauce und wird bei Bedarf nach gedeckt.

Hummerbesteck: Hummerzange und lange zweiseitige Gabel

Kaviarbesteck: kleines Messer und kleine Schaufel oder Löffel aus Perlmutt – andere Materialien verändern den Geschmack

Krebsbesteck: gelochtes Krebsmesser und zweizackige Gabel

Schneckenbesteck: kleine Zange mit runden Branchen und kleine zweizackige Gabel

Das Geschirr

Brotteller, Salatteller, Pastateller, Suppentassen, Dessertschalen Platzteller ... die Auswahl an Porzellan ist gewaltig. Freuen Sie sich an der Vielfalt, die Ihnen heute in Restaurants geboten wird. Der Umgang mit den Geschirrteilen ist einfach.

Der Platzteller ist nur Dekoration, auf ihm wird nichts abgelegt. Brot- und Salatteller stehen auf der linken Seite, genauso die Fingerschale, auch Bowl genannt. Hiermit hat es noch eine besondere Bewandtnis: Sie wird dann eingedeckt, wenn ein Gericht mit den Fingern gegessen wird. Sie ist mit Wasser gefüllt und manchmal schwimmt ein Scheibchen Zitrone darin. Dazu wird immer eine separate Serviette gereicht, an der Sie sich die Finger trocknen können.

Geschirr wird vom Service abgeräumt. Bitte versuchen Sie nicht zu helfen, indem Sie schon mal die Teller zusammen stellen. Benutzte Geschirrteile reichen Sie nur an, wenn sie wirklich schwer erreichbar sind. Servicekräfte arbeiten nach eigenen statischen Gesetzen und die werden manchmal durch gut gemeinte Hilfsbereitschaft empfindlich gestört.

Die Gläser

Gläser stehen immer auf der rechten Seite des Gedecks. Manchmal finden Sie dort eine ganze Batterie. Als Orientierungshilfe hier ein Tipp: Das Glas zum

Hauptgang steht über dem Messer des Hauptgangs und das Wasserglas führt meist die Reihe an.

Bitte fassen Sie Gläser am Stiel an. So vermeiden Sie unschöne Fingerabdrücke und eine Erwärmung des wohltemperierten Weißweins. Der Kelch wird nur bei Cognacschwenkern umfasst, um die Temperatur zu optimieren. Bier- oder Longdrinkgläser werden im unteren Drittel angefasst. Alle Gläser bleiben stehen wenn Ihnen eingeschenkt wird.

Die Servierregeln

Restaurantfachkräfte werden für das Servieren von Speisen und Getränken geschult. Es gibt Regeln, welche Speise von welcher Seite gereicht wird.

Normalerweise naht die Gefahr von rechts. Das beginnt schon mit dem Einschenken der Getränke. Aber auch saubere Teller und neue Gläser bekommen Sie von rechts. Ebenso wird das benutzte Geschirr von dieser Seite abgeräumt.

Bekommen Sie ein Tellergericht, egal ob Suppe, Hauptgang oder Dessert, so wird der Service Ihnen diese Speise von rechts einsetzen.

Ist ein Plattenservice vorgesehen, das heißt, Ihnen werden die Speisen von einer Platte angeboten, legt der Ober Ihnen von der linken Seite vor.

Die zweite Möglichkeit, dass etwas auf Ihrer linken Seite geschieht, ist das Abräumen oder Einsetzen von Brot- oder sonstigen Beistelltellern.

Das Brot bei Tisch

Wie Sie Ihr Brot, Ihre Brötchen in Ihren eigenen vier Wänden essen, ist selbstverständlich Ihre Sache. Im offiziellen Bereich sollten Sie die immer noch aktuelle 'Brot-Brech-Regel' beachten.

Diese besagt, dass Sie von Ihrem Brot, egal ob es sich um ein Stück Toast, ein Baguette oder eine Brotscheibe handelt, niemals abbeißen.

Sie werden sich eine Scheibe auf Ihren Teller legen. Ihr Brotteller steht übrigens immer links neben Ihrem Gedeck. Darauf liegt ein Buttermesser oder das (kleinere) Vorspeisenmesser.

Mit der Buttergabel oder einem Messer, das für die Butter vorgesehen ist, legen Sie sich etwas Butter oder anderen Belag (Schmalz, Knoblauchcreme ...) auf Ihren Teller. Nun brechen Sie sich ein mundgerechtes Stückchen Brot ab, bestreichen dieses mit der Butter und stecken es sofort in den Mund. Rechtshänder benutzen dazu die linke Hand. Dies ist die korrekte Art und Weise, wenn Brot zu einem Mittag- oder Abendessen gereicht wird.

Mit einem Stückchen Brot Reste der vorzüglichen Sauce aufzunehmen, gilt immer noch als stillos. Nur

beim Scheckenessen dürfen Sie dieser Leidenschaft hemmungslos nachgehen.
Was aber ist zu tun, wenn zwar Brot gereicht wird, aber der Brotteller fehlt? Hier lautet die Devise: Krümeln erlaubt. Sie können sich natürlich auch vom Service einen Teller bringen lassen.
Belegte Brotscheiben werden mit dem normalen Besteck gegessen. Einzig vom Frühstücksbrötchen oder –toast dürfen Sie herzhaft abbeißen. Vom Croissant allerdings sollten Sie einzelne Stücke abbrechen.
Auf größeren Veranstaltungen oder Partys wird Ihnen auch hin und wieder das Brot begegnen. Und zwar in Form von Canapes oder als belegte Brötchen. Erstere sind kleine Brotscheibchen, die mit einem besonders pikanten Belag versehen sind. Sie sind mundgerecht zubereitet und werden aus der Hand gegessen.
Belegte Brötchenhälften sind etwas schwieriger in der Handhabung: Hier müssen Sie abbeißen, was nicht immer ganz gefahrlos ist. Ich denke da an rohen Schinken oder anderen 'ziehigen' Belag. Versorgen Sie sich also mit ausreichend Servietten, damit Sie kleine Pannen schnell beheben können.

Am Buffet

Ein Buffet bietet den großen Vorteil, dass man sich aus einem vielfältigen Angebot genau die Sachen

nehmen kann, die man am liebsten isst. Außerdem hat man hier die Möglichkeit, kleinste Portionen von Dingen zu probieren, von denen man sich schon immer gefragt hat, wie sie eigentlich schmecken.
Im Normalfall finden Sie an Ihrem Platz schon das Besteck für zwei Gänge, die Serviette und mindestens ein Glas. Nehmen Sie Platz und warten Sie, bis der Service kommt, um Ihre Getränkewünsche aufzunehmen. Nachdem Ihnen Ihre Bestellung serviert worden ist, machen Sie sich auf den Weg.
Ein Mittags- oder Abendbuffet sollten Sie mit einer Vorspeise beginnen. Ob diese nun aus einer Suppe, kalter oder warmer Vorspeise besteht, ist Ihre Entscheidung. Wer sich mit Vorspeisen gar nicht aufhalten will, beginnt gleich mit dem Hauptgang. Beachten Sie aber, dass Sie Ihre Speisen nach einzelnen Gängen getrennt holen. Wer sich einen 'bunten Teller' mit Salat, Fisch, Fleisch, Beilagen und Dessert zusammenstellt, zeigt, dass er in Sachen Tischmanieren Defizite hat.
Speisen von kalt/warmen Buffets sollten möglichst so genommen werden, wie sie Ihnen auch bei einem festlichen Menu serviert würden. Sie haben innerhalb der einzelnen Gänge die größere Auswahl, müssen dafür aber häufiger zum Buffet gehen. Für jede neue Speise wird auch neues Besteck und ein frischer Tel-

ler benutzt. Bitte wandern Sie nie mit einem schmutzigen Teller durch das Restaurant.

Beachten Sie auch die Sprache des Bestecks. Der Service versteht Sie dann mühelos. Wenn die eingedeckten Besteckteile nicht ausreichen, bitten Sie den Service um weitere.

Vordrängeln ist am Buffet genauso unhöflich, wie an der Supermarktkasse.

Festliche Buffets sind oft sehr aufwendig und liebevoll dekoriert. Gönnen Sie Anderen auch den Anblick dieser Pracht und achten Sie darauf, dass eine appetitlich aussehende Servierplatte zurückbleibt, wenn Sie sich bedient haben. Übrigens dürfen kleinere Dekorationsteile wie Trauben, Tomaten oder Ähnlichem auf Ihrem Teller landen. Der halbe Hummer, der die Fischplatte zum Hingucker macht, bleibt aber besser liegen.

Teller, die bis zum Rand beladen sind, bergen das Risiko in sich, nicht alle Speisen komplett bis zum Platz zu bekommen. Außerdem werden Ihre Mitmenschen Sie nicht wegen Ihrer logistischen Fähigkeiten bewundern, sondern für maßlos halten.

Auf dem Weg zu Ihrem Platz sollten Sie nicht der Versuchung erliegen, schon einmal von der köstlichen Speise zu probieren. Sie beginnen Ihre Mahlzeit erst, wenn Sie an Ihrem Tisch sitzen.

Auf Ihre Tischnachbarn brauchen Sie aber nicht zu warten. Ein gemeinsamer Start des Essens ist beim Buffet nicht vorgesehen.

Nun noch einige Worte zum Frühstücksbuffet. In vielen Hotels gibt es für die Brötchen kleine Körbchen. Nutzen Sie diesen Service. Ich nehme zum Frühstück immer zwei Teller, einen für Käse, Wurst und Marmelade und einen zweiten, von dem ich dann esse. Auch für das Frühstück gilt: Teller nicht zu voll laden, lieber öfter gehen.

Schätzen Sie die Größe Ihres Hungers ein. Größere Reste sollten möglichst nicht auf dem Teller liegen bleiben. Selbstverständlich packen Sie sich kein Lunchpaket für den Rest des Tages.

Wer mit Kindern unterwegs ist, achtet darauf, dass andere Gäste nicht durch Toben und zu große Lautstärke gestört werden.

Wie esse ich was? - So isst man schwierige Speisen

Aal:

Wird mit normalem Fischbesteck gegessen. Wenn er nicht essfertig serviert wird: Mit dem Messer entlang der Mittelgräte schneiden und diese herauslösen, Haut von beiden Seiten abheben, entweder auf den Abfallteller oder an den Tellerrand legen.

Bei einer Zubereitung in Sauce kann auch das Fischbesteck benutzt werden

Austern: – Fingergericht –

Werden auf zerstoßenem Eis und Meeresalgen (durch die Algen rutschen die Austern nicht vom Eis) serviert. Früher gab es Austern nur in Monaten mit 'R' (Transport). Das ist heute überholt – Kenner bevorzugen die Muscheln in den Monaten November bis Februar, dann ist die Qualität am besten.

Verzehr:

In die Hand nehmen, Zitrone darauf träufeln, mit frisch gemahlenem Pfeffer würzen, mit der Schneideseite der Austerngabel das Fleisch von der Schale trennen, schlürfen oder mit der Gabel aufnehmen.

Bei gebackenen Austern benutzen Sie das Fischbesteck

Amuse-Gueule / Amuse-Bouche:

Kulinarische Kleinigkeit, die als Gruß aus der Küche serviert wird, aber nicht auf der Rechnung steht. Ein anderes Wort hierfür wäre Appetizer.

Das Besteck wird mitserviert. Wenn nicht, sollte die Speise fingertauglich sein.

Artischocke: – Fingergericht –

Die Blätter von außen nach innen abzupfen und das untere, fleischige Ende in die Sauce dippen und dann auslutschen. Die Reste gehören auf einen Abfallteller.

Sind alle Blätter abgelöst, benutzen Sie die Fingerschale und heben dann das Heu ab. Der Artischockenboden wird mit dem Besteck gegessen.

Bouillabaisse:

Wird gelöffelt, evtl. Gabel zum Zerteilen größerer Fischstücke benutzen. Dazu werden geröstete Brotscheiben und Rouille (besondere Mayosauce) gereicht.

Eier:

Gekochte Eier vorsichtig köpfen, oder die Schale leicht anklopfen und abpellen, oder den Deckel mit dem Löffel abheben. Das Ei bleibt im Eierbecher stehen.

Omelette und Rührei kann man auch nur mit der Gabel essen.

Rührei mit Speck, Würstchen oder Lachs mit Messer und Gabel verzehren.

Fingerfood:

Kleine Snacks, die aus der Hand verzehrt werden. Z.B. Dips, Canapes, Mini-Pizzen, Cracker usw. Decken Sie sich reichlich mit Servietten ein.

Fisch:

Matjes, Rollmops, geräucherter Lachs, Aal werden mit normalem Besteck gegessen.

Gedünsteter, gebratener, gekochter Fisch mit dem Fischbesteck. (Gibt es heute nicht mehr überall)

Bei geräuchertem Fisch ist das normale Besteck üblich.

Fisch kann auch filetiert bestellt werden.

Der Grätenteller steht links vom Essteller

Fisch filetieren:

Rücken-, Bauch- und Schwanzflosse abtrennen. Die Haut mit dem Fischmesser am Rücken abtrennen (auf das Messer aufwickeln und beiseite legen), die Hauptgräte am Rücken und unterhalb des Kiemenlappens vom Kopf abtrennen. Das Filet von der Gräte lösen und verzehren, dann den Fisch wenden, auch hier das Filet lösen und genießen.

Alternativ können Sie auch die Ober- und Mittelflosse entfernen und direkt von der Gräte essen, Grätenstrang abheben, auf Grätenteller legen, untere Filets essen

Fleisch:

Die Gabel mit der Wölbung nach oben in das Fleischstück stechen, ein Stück abschneiden so zum Mund führen. Früher wurde die Gabel umgedreht zum Mund geführt, heute ist das nicht mehr zwingend.

Bitte keine Messerreinigungsaktionen am Fleisch vornehmen.

Gulasch oder Ragout können auch nur mit der Gabel gegessen werden (Gourmetlöffel).

Garnelen, Langustinos, Prawns, Shrimps, Gambarellos, Crevetten: – Fingergericht –

Werden im Ganzen serviert. Kopf mit der linken Hand anfassen und mit rechts das Schwanzende durch Drehen abbrechen. Den Schwanzpanzer mit den Fingern aufbrechen. Darm (schwarzer Faden) mit den Fingern oder einem Besteckteil entfernen.

Entweder gleich in Sauce tauchen und essen, oder einige Garnelen aufbrechen (Finger säubern) und mit Besteck essen.

Falls keine Fingerschale bereit steht, sollten sie komplett mit dem Besteck gegessen werden: Mit der Gabel hinter dem Kopf einstechen, abschneiden, Schwanzteil mit Gabel festhalten und Panzer mit Messer vom Fleisch ablösen. Äußeres Schwanzende evt. abschneiden

Geflügel:

Im Restaurant wird Geflügel immer mit Besteck gegessen.

Gemüse:

Alles, was weich genug ist, wird mit der Gabel zerteilt.

Salatblatt, Blumenkohlende, Spargel darf mit dem Messer geschnitten werden.

Spargel wird heute nur noch selten mit der Hand gegessen.

Hummer, Languste:

Je nach Zubereitungsart essen Sie ein Hummerragout mit dem Fischbesteck und ausgelöste Hummerschwänze mit dem Menubesteck.

Hummer im Panzer ist ein Fingergericht, meistens wird er der Länge nach halbiert serviert.

Das Fleisch wird mit der Hummergabel aus Panzer und Schwanz gelöst und mit Besteck gegessen.

Die Beine werden mit der Hand abgebrochen und in den Gelenken gebrochen

Ziehen Sie das Fleisch entweder mit der Hummergabel heraus oder saugen Sie die Beinchen aus. Hier sind Geräusche erlaubt.

Kartoffeln:

Das Schneideverbot gilt nicht mehr. Es ist aber besser, die Kartoffel mit der Gabel zu zerteilen (außer bei Pellkartoffeln). Bei Gerichten mit Sauce darf inzwischen eine sehr kleine Portion in der

Sauce zerdrückt werden (bissenweise) – verzichten Sie bei offiziellen Anlässen lieber darauf.

Folienkartoffeln auslöffeln, Besteck inzwischen ablegen;

Knödel werden mit der Gabel zerteilt.

Kaviar:

Wird in kleinen Portionen auf Eis serviert.

Kaviarbesteck: Kleiner Löffel (Perlmutt) und stumpfes Messer.

Portion mit kleinem Löffel auf eigenen Teller legen mit Messer auf Brot streichen und evt. würzen. Achtung, auch hier gilt die Brotbrechregel!

Manchmal bekommen Sie auch Blinis oder Pellkartoffeln

Zum Würzen werden beispielsweise Zwiebeln, Zitrone und gehacktes Ei serviert.

Krabben:

Das Brot essen Sie mit Messer und Gabel, dem Cocktail rücken Sie mit Löffel und Gabel zu Leibe.

Krebse: – Fingergericht –

Eine große Serviette oder eine Krebsschürze schützen vor Flecken. (Vorsicht! Die Saftspritzer sind nicht wieder zu entfernen).

Krebskörper mit der linken Hand anfassen, dann mit rechts den Schwanz nach oben biegen bis er bricht, leicht drehen, den Schwanz ablösen und auseinander ziehen. Das Fleisch herausnehmen dann den Darm entweder mit dem Krebsmesser oder den Fingern entfernen. Zum Knacken der Beine und Scheren die Spitzen durch das kleine Loch im Krebsmesser stecken und abbrechen. Das Fleisch wird ausgesaugt

Als Vorspeise werden Krebse oft aus den Schalen gelöst serviert. Dann essen Sie sie mit einer kleinen Gabel oder normalem Besteck.

Maiskolben:

Werden im Ganzen serviert. An zwei rechts und links eingesteckten Gabeln festhalten und abknabbern.

Muscheln: – Fingergericht –

Eine leere Muschelhälfte dient als Zange zum herausziehen des Muschelfleisches. Leere Schalen gehören auf einen speziellen Abfallteller. Der Sud wird zum Schluss wie eine Suppe gegessen, entweder aus dem vorhandenen Suppenteller, manchmal bekommt serviert man Ihnen auch eine zusätzliche Suppentasse; vor dem Löffeln wird die Fingerschale benutzt.

Überbacken werden Muscheln mit dem Besteck gegessen.

Obst:

Äpfel: essen Sie mit dem Obstbesteck

Ananas:	wird meistens vorbereitet serviert und mit dem Besteck gegessen.
Apfelsinen:	essen Sie mit dem Obstbesteck
Avocado:	werden Sie selten als ganze Frucht vorfinden. Der Stein wird entfernt und das Fruchtfleisch wird mit Zitronensaft beträufelt. Dann kann die Avocado ausgelöffelt werden. Werden Ihnen Avocadospalten serviert, essen Sie diese mit dem Besteck.
Bananen:	essen Sie mit dem Obstbesteck
Birnen:	essen Sie mit dem Obstbesteck
Datteln:	gehören zu den Trockenfrüchten und werden entkernt und geschält serviert. Sie dürfen - wie alle Trockenfrüchte - mit der Hand gegessen werden.
Feigen:	werden in frischer Form entweder halbiert und ausgelöffelt, oder mit dem Obstbesteck geschnitten und verzehrt.
Granatapfel:	hier sind nur die Kerne essbar. Meist finden Sie sie herausgelöst im Dessert. Hierfür ist der Löffel das richtige Werkzeug.
Grapefruit:	Frucht quer durchschneiden und die Kammern mit einem Grapefruitbesteck auslöffeln.

Kaki: den Kelch mit dem Messer großzügig ausschneiden und das Fruchtfleisch auslöffeln. Kerne und Schale sind nicht zum Verzehr geeignet. Kakis werden oft mit der verwandten Sharonfrucht verwechselt.

Karambole: wird auch Sternfrucht genannt und sieht - in Scheiben geschnitten - sehr dekorativ aus. Die kleinen Sternenscheiben werden mit dem Besteck gegessen.

Kirschen: von den Stielen zupfen, den Stein auf den Löffel oder in die Hand (Faust) geben, dann auf den Teller legen. Manchmal werden sie auch ungewaschen serviert. Früchte dann in der extra Schale schwenken, evt. an separater Serviette abtrocknen und aus der Hand essen.

Kiwi: können halbiert und ausgelöffelt werden. Oder es wird mit dem Messer die Schale entfernt – dabei halten Sie die Frucht mit der Gabel fest und das Fruchtfleisch wird mit dem Besteck verzehrt.

Kumquat: sieht aus wie eine Miniorange, wird aber nicht geschält, sondern im Ganzen gegessen und zwar aus der Hand.

Litschi: wird wie ein Ei gepellt und dann in den Mund gesteckt. Der Kern wird entweder mit dem Löffel auf den Teller transportiert oder er verschwindet diskret in der Faust der linken Hand und wird auf dem Teller abgelegt. Übrigens geht das genau so bei Kirsch- oder Olivenkernen.

Mango: werden meist vorbereitet serviert und mit dem Besteck verspeist.

Melone: wird in Spalten geschnitten serviert. Mit dem Messer an der Schale entlang schneiden und das Fruchtfleisch stückchenweise essen. Die Kerne dürfen liegen bleiben.

Nashi: wird auch Apfelbirne genannt und genau wie Apfel oder Birne mit dem Messer halbiert und in Viertel geschnitten. Das Kerngehäuse wird entfernt und die Spalten aus der Hand gegessen.

Olive: Kern-Entsorgung wie bei Kirschen. Verzehren Sie die Olive möglichst nicht mit dem letzten Schluck aus dem Glas

Papaya:	werden der Länge nach halbiert und die Samenkörner mit dem Löffel entfernt. Dann wird sie mit Zitrone beträufelt und ausgelöffelt. Wird die Papaya geschält serviert, isst man sie mit dem Besteck.
Passions-	wird quer durchgeschnitten und das geleeartige
frucht:	Fruchtfleisch wird ausgelöffelt.
Physalis:	wieder eine Frucht, die aus der Hand gegessen wird. Entfernen Sie die trockenen Blätter und genießen Sie.
Pfirsiche:	essen Sie mit dem Obstbesteck
Pitahaya:	sieht sehr dekorativ aus und wird meist in Scheiben geschnitten serviert. Die Schale ist nicht zum Verzehr geeignet, das Fruchtfleisch wird mit dem Besteck gegessen.
Sharon:	sieht der Kaki zum Verwechseln ähnlich, ist aber viel schmackhafter. Die Schale der Sharon ist glänzend, die der Kaki ist stumpf. Auch hier wird der Blütenansatz mit einem Messer entfernt. Dann wird die Frucht in Spalten geschnitten und mit dem Besteck verspeist. Die Schale wird mitgegessen.
Sternfrucht:	siehe Karambole.

Weintrauben: Einen Teil von der Dolde abschneiden. Manchmal werden sie ungewaschen serviert, Früchte dann in der extra Schale schwenken, evt. an separater Serviette abtrocknen und Traube für Traube aus der Hand essen.

Spieße:

Am äußeren Ende anfassen, schräg auf den Teller stellen, Fleischstücke einzeln mit der Gabel abschieben, Spieß dabei drehen (am besten gleich nach dem Servieren, dann geht's am einfachsten).

Schnecken:

Schneckenzange und Schneckengabel benutzen. Mit der Schneckenzange (linke Hand) die Schnecke greifen, mit der Schneckengabel das Fleisch herausziehen und verzehren. Die Sauce aus dem Schneckenhaus wird auf einen kleinen Löffel gegossen.

Stippausnahme! Kräuterbutter darf mit Brot aufgenommen werden

Spaghetti:

Typisch italienisch werden sie mit der Gabel am Tellerrand aufgedreht und gegessen. Ungeübte nehmen Löffel und Gabel zur Hilfe. Das Kleinschneiden mit dem Messer gilt als Todsünde

Suppe:

Löffel nur ½ - ¾ gefüllt, mit der Spitze zum Mund führen (in Deutschland). Aus sehr kleinen Suppentassen mit Henkel darf getrunken werden (nach dem Essen der Einlage).

Neu: Teller darf leicht (schräg nach rechts hinten).gekippt werden

Bei überbackenen Suppen den Käse um den Löffel wickeln.

Achtung Fauxpas: Suppe kalt pusten, schlürfen.

Sushi oder Sashimi:

werden mit Stäbchen gegessen

18.7 Titel

siehe Adel und Akademiker

18.8 Toilettenfehler

'Sie haben einen Toilettenfehler'. Bei dieser Bemerkung sollten Sie hellhörig werden. Hier ist nämlich nicht gemeint, dass Sie bei der Auswahl Ihres Parfums daneben gegriffen haben, sondern, dass Ihre Hose nicht korrekt geschlossen ist. Damit es gar nicht

erst so weit kommt, kontrollieren Sie sicherheitshalber vor dem Verlassen der Waschräume, ob alles seine Ordnung hat.
Es ist höflich, andere in einer solchen Situation diskret auf das Malheur hinzuweisen.

18.9 Trauer

Wenn es um einen Trauerfall im Bekannten- oder Kollegenkreis geht, fühlen sich viele Menschen hilflos und sind unsicher, wie sie sich verhalten sollen.
Wer vom Tod einer nahestehenden Person betroffen ist, befindet sich in einem Ausnahmezustand. Er ist viel empfindlicher und verletzlicher. Da kann eine fehlende oder falsche Reaktion der anderen auf die Todesnachricht tief verletzen.
So verhalten Sie sich richtig:
Beileidesbriefe

- So zeitnah wie möglich verschicken
- Hochwertiges, weißes Papier verwenden
- Kein Geschäftspapier
- Text individuell formulieren (nicht zu kurz)
- Ihre Anteilnahme soll zum Ausdruck kommen
- Vorgedruckte Karten mit dem Zusatz: 'senden Maria und Paul Müller' sind stillos

- Kondolenzbriefe sollten handschriftlich verfasst werden
- Der Zusatz 'Trauerhaus' in der Anschrift ist veraltet
- Nur Briefe aus dem Trauerhaus haben einen schwarzen Rand

Mündliche Kondolenz

- Zeigen Sie Anteilnahme und Mitgefühl
- Zeigen Sie sich einfühlsam
- Vermeiden Sie Floskeln wie 'mein Beileid'. Finden Sie eigene Worte
- Als Reaktion auf eine Todesnachricht nicht am Telefon kondolieren
- Wer schriftlich kondoliert hat, braucht bei einem Wiedersehen nach längerer Zeit nicht mehr mündlich sein Beileid auszusprechen
- Beileidsbesuche werden heute nur noch selten gemacht, kommen Sie nie unangemeldet

Am Grab

- Der Pfarrer oder der Redner spricht die Aussegnungsformel oder einen letzten Gruß
- Die Hinterbliebenen treten einzeln oder paarweise an das Grab, um Abschied zu nehmen
- Manchmal wird etwas Erde oder ein Blumengruß auf das Grab geworfen

Die Herren machen eine leichte Verbeugung (Hut abnehmen)

Den Hinterbliebenen kondolieren

Auf Einladung nehmen Sie am anschließenden Beisammensein teil

Tabus

Beileidsbriefe per Fax oder E-Mail

Unangemessene Kleidung zur Trauerfeier

Handyklingeln bei der Beisetzung

Nicht auf Todesnachrichten reagieren

siehe Beerdigung

18.10 Trinkgeld

Ob beim Friseur, im Taxi, im Restaurant, auf Busreisen oder im Casino: Dienstleister aller Art erwarten eine Anerkennung ihrer Arbeit.
Das Trinkgeld soll ein Lob für den guten Service sein – eine Pflicht dazu gibt es bei uns in Deutschland nicht. Allerdings wird ein ausbleibendes Trinkgeld auch als Tadel und Ausdruck von Unzufriedenheit gewertet.
Wenn Sie in einem Restaurant Ihr Essen von freundlichen Servicekräften serviert bekommen, sollte Ihnen

das 5 bis 10 % der Rechnungssumme wert sein. Ein Aufrunden um Centbeträge, z.B. von 79,70 € auf 80,00 €, wird die Restaurantfachkraft zu Recht als Beleidigung empfinden. Selbst wenn Sie mit der Bedienung nicht zufrieden waren, sollten Sie auf diese Handlungsweise verzichten. Es ist dann höflicher, gar kein Trinkgeld zu geben – als Signal reicht das völlig.

Ihren Obolus sollten Sie möglichst bar überreichen, auch wenn Sie mit Ihrer Kreditkarte zahlen. Nur wenn Sie für Ihre Spesenabrechnung einen Beleg benötigen, schreiben Sie den 'Tipp' zur Rechnungssumme dazu.

Bei Übernachtungen in einem Hotel haben Sie vielfältige Möglichkeiten, den 'dienstbaren Geistern' Ihre Anerkennung zu zeigen. Rezeptionskräfte, Wagenmeister, Page, Housekeeping (das ist der internationale Ausdruck für Zimmermädchen oder Hausdame und hat den Vorteil, dass er geschlechtsneutral ist) – alle freuen sich über eine kleine Belohnung.

Für das Parken des Wagens oder das Tragen Ihres Gepäcks sind ein Euro je Teil oder Dienstleistung angebracht. Für die gute Seele, die für die Sauberkeit des Zimmers sorgt, sollten Sie ein bis zwei Euro (je nach Hotelkategorie) einplanen.

Der Roomservice bekommt ein bis zwei Euro je Bestellung. Und bitte vergessen Sie die Stiefkinder im

Hotel nicht – auch der Frühstücksservice bemüht sich, gut für Sie zu sorgen.
Für die Erfüllung von Sonderwünschen, z.B. Blumen besorgen, eine Stadtrundfahrt organisieren oder gar Karten für das ausverkaufte Opernspektakel zu beschaffen, ist auch ein besonderes Trinkgeld fällig.
Beim Auschecken begleichen Sie in der Regel auch die Bar- und Restaurantrechnung. Hier können Sie sich an die '5-10-Prozent Regel' halten; am Besten geben Sie das Trinkgeld in bar – und ein paar freundliche Worte gleich dazu.
Auch Taxifahrer erwarten etwa 10 Prozent der Rechnungssumme als Trinkgeld.
Im Gegensatz zu den Stewardessen und Stewards an Bord eines Schiffes, empfindet es das Flugpersonal als Beleidigung, Trinkgeld zu bekommen. Sie betrachten sich als Gastgeber.
Bei Kreuzfahrten wird die Höhe des Trinkgelds oft schon in den Reisebedingungen genannt. Üblich sind hier etwa 5 bis 10 Prozent des Reisepreises.
Sollten Sie an Bord einen Casinobesuch erwägen, müssen Sie wissen, dass hier die Bezeichnung Trinkgeld unüblich ist. Man gibt einen Chip in den 'tronc'.
Tabu ist auch immer noch das Trinkgeld für den Chef persönlich. Die beste Lösung: Überreichen sie eine

Summe mit der Bemerkung 'für das Team' oder 'für die Kaffeekasse'.

Bei Busfahrern von Reisegruppen und Reisebegleitern hat es sich eingebürgert, dass am Ende der Fahrt einer der Reisenden ein Trinkgeld von den Mitreisenden einsammelt und es mit ein paar netten Worten überreicht. Kalkulieren Sie jeweils etwa einen Euro pro Reisetag für den Fahrer und seine Begleitung ein.

Und wenn Sie dann mit Schiff, Flieger, Bus oder Bahn an Ihrem ausländischen Urlaubsort angekommen sind, gelten (manchmal) andere Spielregeln. Andere Länder, andere Sitten – auch beim Trinkgeld. So ist beispielsweise in Australien, Belgien, den Niederlanden sowie in Norwegen und Schweden das Trinkgeld schon in der Restaurantrechnung enthalten. War der Service sehr gut, dürfen Sie aber trotzdem etwas geben. Anders verhält es sich in vielen asiatischen Ländern. In China oder Japan wird Trinkgeld als Beleidigung aufgefasst. Und in den USA ist das Trinkgeld obligatorisch (es ist die Bezahlung für den Service).

In den meisten europäischen Reiseländern, wie etwa Frankreich, Griechenland, Spanien, Italien oder Österreich, liegen Sie mit etwa zehn Prozent Trinkgeld richtig.

Egal, ob zu Hause oder unterwegs: Peinlich wird es immer dann, wenn das Gefühl entsteht, dass mit dem Trinkgeld gönnerhaft Menschen bezahlt werden. Diese Art der Geringschätzung macht auch ein üppiges Trinkgeld nicht wieder gut.
Überreichen Sie den Betrag immer mit einigen freundlichen und anerkennenden Worten.

18.11 Tür aufhalten

Manchmal bereitet schon eine simple Tür Probleme. Eigentlich weiß der gut erzogene Mann, dass er dem weiblichen Geschlecht die Tür aufhalten sollte. Aber es gibt Situationen, in denen das schwierig bis unmöglich ist. Da ist zum Beispiel die Drehtür: Aufhalten geht hier nicht, denn sie dreht sich ja. Lassen Sie Ihrer Dame nur dann den Vortritt, wenn die Tür automatisch dreht, falls Sie 'schieben' müssen übernehmen Sie diesen Job und gehen deshalb vor.
Auch Restauranttüren haben so ihre Tücken. Im deutschsprachigen Raum betritt der Herr das Lokal zuerst. 'Wie kann er ihr dann die Tür aufhalten?', werden Sie sich fragen. Am besten machen Sie es so: Sie halten Ihrer Begleitung die Restauranttür auf, die Dame geht ein kleines Stück beiseite, Sie 'über-

holen' und übernehmen die Führung. Es ist heute aber durchaus erlaubt und auch die moderne Variante, wenn der Herr gleich vorgeht.

Auch Türen, die sich nach innen öffnen, sind nicht ganz leicht zu händeln. Hier ist Geschicklichkeit und Schnelligkeit gefragt. Öffnen Sie die Tür und treten Sie einen Schritt zurück, damit SIE hindurch kann. Nur bei schweren Sicherheitstüren gehen Sie ausnahmsweise zuerst durch und halten die unhandliche Tür fest, während die Dame in den Raum geht.

19. U

19.1 Umgang mit Kollegen und Vorgesetzten

Der Umgang mit Kollegen und Vorgesetzen ist nicht immer leicht. Es treffen unterschiedliche Charaktere und viele verschiedene Meinungen aufeinander. Mindestens acht Stunden verbringen Sie täglich im Kreise Ihrer Kollegen, da lohnt es sich, die 'Anti-Fettnäpfchen-Strategie' zu nutzen.
Pflegen Sie mit allen Mitarbeitern einen freundlichen Ton. Grüßen Sie lieber einmal mehr als zu wenig und denken Sie an die alten Tugenden Takt, Toleranz, Rücksicht und Respekt.
Ziehen Sie nicht über kleine Unzulänglichkeiten der Kollegen her und lassen Sie sich nicht zu Klatsch und Tratsch hinreißen, auch wenn es Sie brennend interessiert, ob Kollege X nun ein Techtelmechtel mit Kollegin Y hat.
Verzichten Sie darauf, Ihre intimen Probleme im Kollegenkreis zu erörtern. Trennen Sie strikt Privat- und Berufsleben. Natürlich ist es schön und auch wichtig, ein Feierabendbier gemeinsam zu trinken – aber Stress mit der Partnerin oder Ihre gesundheitlichen Probleme gehören einfach nicht zu den bevorzugten

Themen. Im Berufsleben gilt: Privater Ärger bleibt zu Hause.

Pluspunkte sammeln Sie mit einer Portion Humor, Fairness und angemessenem Verhalten. Jeder Einzelne ist für die Atmosphäre im Team mitverantwortlich.

Häufig sind es die kleinen Ärgernisse, die einem den Tag vermiesen. Das Papier im Kopierer wurde nicht aufgefüllt, keiner räumt den Geschirrspüler aus; also stapeln sich die benutzten Kaffeebecher. Oder der gebuchte Konferenzraum zeigt noch die Spuren des vorherigen Meetings. Achten Sie auf solche scheinbar banalen Dinge.

Im Berufsleben spielt die Pünktlichkeit eine besondere Rolle. Also unbedingt Bescheid sagen, wenn Sie einen Termin nicht einhalten können.

19.2 Ungeschriebene Gesetze

Die ungeschriebenen Gesetze sind Regeln, die jeder von uns kennt. Sie sind – wie die Bezeichnung schon sagt – nirgendwo aufgeschrieben; ihre Einhaltung wird aber von jedem erwartet. Natürlich findet diese Erwartungshaltung nicht im oberen Bewusstsein statt, vielmehr ist dies eine Sache der emotionalen Ebene.

Wenn jemand diese Gesetze nicht beachtet, hat das Folgen für ihn. Sein Verhalten löst Abwehrmechanismen aus. Beispielsweise verschlechtert sich die Stimmung plötzlich oder es entstehen Aggressionen. Im schlimmsten Fall können sogar Geschäftsabschlüsse nicht zu Stande kommen.

Es lohnt also, sich Gedanken über die entsprechenden Verhaltensweisen zu machen.

Hier einige Beispiele:

Achten Sie unbedingt auf die richtige Distanzzone

Respektieren Sie fremde Territorien

Vorsicht bei Berührungen, die über den Händedruck hinaus gehen

Der Blickkontakt sollte angemessen sein, nicht zu lange und nicht zu kurz.

Starren Sie niemanden an

Beachten Sie die korrekten Begrüßungsformen: Keine Umarmungen im Berufsleben, möglichst alle gleich begrüßen (entweder Allen die Hand geben oder Keinem).

Respektieren Sie das Territorium Ihrer Mitmenschen; das ist der Raum, den ein Mensch für sich beansprucht, als wäre er die Erweiterung seines Körpers. Dies kann das Haus, das Zimmer, der Lieblingssessel, der Platz am Tisch oder das Auto sein. Der PC gehört zum Territorium eines Menschen, wie auch sein Arbeitsplatz. Deshalb also keine Übergriffe auf fremde Schreibtische, nichts darauf suchen oder wegnehmen, nichts ungefragt darauf ablegen.

Unabhängig von den allgemein gültigen Regeln, gibt es in jedem Unternehmen spezielle Dinge, die man tut, oder unterlässt. Überlegen Sie einmal wie es in Ihrem Unternehmen 'tickt'. Welche hierarchischen Strukturen gibt es, sind private Telefonate tabu, sind bestimmte Übermittlungswege üblich, ist das Surfen im Internet erlaubt?

20. V

20.1 Verabschieden

siehe Abschied

20.2 Visitenkarte

Sie ist aus dem Geschäftsleben nicht mehr wegzudenken, die Visitenkarte. Aus der einstigen Besuchskarte ist ein wichtiges Kommunikationsmittel geworden.

Ihre Visitenkarte repräsentiert Sie selbst, deshalb ist es wichtig, ihr auch die nötige Aufmerksamkeit zu schenken.

Das fängt schon bei der Papierqualität an. Das Material sollte sich gut anfühlen und nicht zu dünn sein. Wer seine Visitenkarte im Beruf einsetzt, sollte in gedruckte Karten investieren; sie wirken in jedem Fall professioneller, als die am heimischen Computer entworfenen. Für den privaten Gebrauch ist eine 'Selbstgebastelte' völlig in Ordnung. Nutzen Sie die Möglichkeiten der individuellen Gestaltung. Verwenden Sie für den Ausdruck möglichst keinen Tintenstrahldrucker. Das kann böse Überraschungen geben, wenn es mal etwas feucht zugeht.

Das Standardmaß für eine Visitenkarte beträt 85 x 45 Millimeter. Die Größe von 100 x 60 Millimeter sollte nicht überschritten werden, da sie sonst nicht in die üblichen Archivierungssysteme passt.

Es ist erstaunlich, wie viele Informationen auf manche Visitenkarte gepresst werden: Vorname, Name, Titel, Position, Abteilung, Privatadresse, Firmenadresse, Privattelefon, Firmentelefon, Fax, Mobil- und Pager-Nummer, alle acht E-Mail-Adressen, das Familienwappen und alles – zur vermeintlich besseren Lesbarkeit – in fünf verschiedenen Schrifttypen, vier unterschiedlichen Schriftgrößen und vor Allem schön bunt!

Gestalten Sie Ihre Visitenkarte klar und übersichtlich; sie liefert wichtige Informationen über Sie. Der Name, gegebenenfalls der Titel, die Position, Abteilung, Geschäftsadresse, Telefon-, Handynummer und die Mailadresse gehören auf eine Visitenkarte.

Wer wirklich viele Informationen verteilen muss, sollte sich überlegen, ob er sich nicht zwei Visitenkarten zulegt. Zum Beispiel eine private und eine geschäftliche. Es gibt auch die Möglichkeit von Klapp-Visitenkarten, die viermal so viel Platz wie eine herkömmliche bieten. Wer beruflich häufig im Ausland unterwegs ist, sollte sich zweisprachige Karten drucken lassen. Dabei wird die Rückseite in englischer Sprache bedruckt. Wichtig hier: Das Länderkürzel 'D' für Deutschland entfällt. Schreiben Sie stattdessen Germany unter die Adresse. Beachten Sie auch, dass Handy im englischen mobilephone, kurz mobile und im amerikanischen cellularphone, kurz cellphone heißt.

Nun zum Umgang mit den kleinen Kärtchen.

Bei geschäftlichen Begegnungen überreichen Sie Ihre Karte grundsätzlich gleich bei der Vorstellung – ohne große Gesten und Kommentare.

Es gibt auch Situationen, in denen die Karten später ausgetauscht werden, z.B. nach einem Gespräch auf einer Messe oder einem Kongress. Wenn Sie an einem weiteren Kontakt mit Ihrem Gesprächspartner interessiert sind, bieten Sie hier ruhig Ihre Visitenkarte offensiv an. Die nette Bemerkung, wie anregend oder interessant Sie die Begegnung empfunden haben, reicht als Begründung völlig aus. Der Erhalt einer Visitenkarte verpflichtet Ihr Gegenüber, nun auch seine Karte 'herauszurücken'.

Reicht Ihr Vorrat für die nächste Veranstaltung? Nehmen Sie genügend Kärtchen mit. Es bieten sich Etuis aus Leder oder Metall an, damit die Karten in einem einwandfreien Zustand den Besitzer wechseln können.

Wenn Sie eine Visitenkarte erhalten, ist das Elementarste, sie sofort zu lesen und äußerst sorgsam zu behandeln. Sie achtlos – womöglich auch noch in die Gesäßtasche! – wegzustecken, bringt Minuspunkte.

Es ist übrigens durchaus legitim, sich nach einem Gespräch Notizen auf der Rückseite der Visitenkarte zu machen. Das erleichtert bei einem weiteren Kontakt die Kommunikation. Nutzen Sie den Informationsgehalt der Karte.

20.3 Vorstellen und Bekanntmachen

Vorstellen und Bekanntmachen – zwei Begriffe mit ähnlicher Bedeutung, die oft verwechselt werden.

Heute wird nur noch im Berufsleben wirklich vorgestellt, das heißt, es geht streng nach hierarchischen Gesichtspunkten zu.

Im privaten und gesellschaftlichen Bereich wird 'bekannt gemacht' und zwar nur nach den Rangfolgen Alter und Geschlecht.

Heute machen sich nur noch Wenige die Mühe, andere miteinander bekannt zu machen, sodass Sie häufig in die Situation kommen, sich selbst vorstellen zu müssen.

Folgen Sie der modernen Empfehlung und stellen Sie sich mit vollem Namen vor. So wirken Sie freundlich und offen auf Ihr Gegenüber.

Nennen Sie nur Ihren Vornamen, ist das eine Einladung zum Du. Ihren eigenen Titel nennen Sie bei der Selbstvorstellung lieber nicht, es könnte Ihnen als Angeberei ausgelegt werden.

Andere miteinander bekannt zu machen, sie sozusagen zu vernetzen, ist heute viel einfacher als früher. Vor dreißig Jahren war es noch wichtig zu wissen, ob eine Dame ledig, verheiratet oder verwitwet war. Nach diesem Status richtete sich dann die Reihenfolge der Vorstellung. Auch in der Altersfrage ist es heute viel einfacher. Musste man früher das Alter eines Menschen ziemlich genau einschätzen um ihn korrekt vorstellen zu können, so reicht heute die Unterscheidung nach Generationen.

Wollen Sie im 3. Jahrtausend Menschen miteinander bekannt machen, richten Sie sich einfach nach der Regel: Der Wichtigste erhält die Informationen über den anderen zu erst.

Im Berufsleben wird das immer der Kunde oder der Vorgesetzte sein.

Im privaten oder auf dem gesellschaftlichen Parkett ist es der Ältere (20 oder mehr Jahre älter) oder die Dame.

Ein Beispiel: Sie wollen Ihre neue Sekretärin Ihrem Kollegen vorstellen:

'Herr Beispiel, ich möchte Ihnen meine neue Mitarbeiterin Frau Muster vorstellen, Frau Muster, dies ist mein Kollege Herr Beispiel'.

Achten Sie auf eine moderne Wortwahl, formulieren Sie aktiv und positiv – und verzichten Sie auf altertümliche Formulierungen, wie: 'Gestatten Sie, dass ich Ihnen ... vorstelle', oder: 'Dies ist meine Gattin/Gemahlin'. Auch das 'angenehm' oder 'sehr erfreut' als Erwiderung auf eine Vorstellung sind nicht mehr zeitgemäß Heute ist Individualität gefragt.

Nutzen Sie, besonders im Berufsleben, jede Gelegenheit, Andere vorzustellen. Sie schaffen damit eine freundliche Atmosphäre und erleichtern die Kontaktaufnahme. Gleichzeitig trainieren Sie Ihren eigenen 'Vorstellfähigkeiten' und werden so zum Profi.

20.4 Vortrittsregeln

Bei den Vortrittsregeln gibt es anscheinend großen Klärungsbedarf, denn es geistern die unterschiedlichsten Ansichten herum.

Fangen wir mit dem Einfachsten an: Türen werden ranghöheren Personen, das sind z.B. der Chef, der Gast, der deutlich ältere Kollege oder die Kollegin (egal wie alt), aufgehalten.

Auch bei der Treppe geht es recht überschaubar zu. Allerdings gibt es hier auch eine Neuerung: Heute geht eine Dame (oder die ranghöhere Person) vor dem Herrn die Treppe hinauf. Abwärts ist es dann umgekehrt: Er geht vor, sie folgt ihm. Es steht der Sicherheitsaspekt im Vordergrund. Übrigens bedeutet das für die Herren nicht, dass sie möglichst weit hinter der Dame gehen, um schöne Beine zu bewundern. Sie sollten schon recht dicht hinter ihr gehen, um im Notfall, falls sie ins Stolpern kommt, behilflich zu sein.

Wenn Sie einen Menschen begleiten, sollten Sie darauf achten, an welcher Seite Sie neben ihm gehen. Im gesellschaftlichen Bereich geht die Dame an der rechten Seite des Herrn. Ausnahme ist der Straßenverkehr. Hier heißt es, die 'sichere' Seite für die Dame. Dort, wo der Verkehr fließt, geht der Herr. Im beruflichen Bereich ist es genauso, nur dass hier das Geschlecht der Person eine untergeordnete Rolle spielt. Es geht einzig um die Position. Die Assistentin des Abteilungsleiters geht demzufolge an der linken Seite ihres Chefs.

Wenn Sie einen Gast begleiten, beispielsweise in einen Konferenzraum, hat er grundsätzlich den Vortritt. Wenn er sich aber nicht auskennt, weil er vielleicht zum ersten Mal in Ihren Räumen zu Besuch ist, zeigen Sie ihm mit der Bemerkung: 'Ich gehe praktischer Weise vor' oder 'Ist es Ihnen Recht, wenn ich vorgehe?', dass Sie wissen, dass der andere den Vortritt hätte.

Eine große Unsicherheit gibt es bei vielen auch vor dem Fahrstuhl: Die ranghöhere Person steigt zuerst ein und verlässt ihn auch als Erste. Schwierig wird es nur dann, wenn mehrere Personen auf den Fahrstuhl warten. Besteht diese Gruppe aus einer oder zwei Damen und mehreren Herren, hat das weibliche Geschlecht den Vortritt. Ist die Gruppe größer, geht es einfach der Reihe nach: Wer vorne steht, steigt zuerst ein. Es wird nicht nach dem Motto 'Jetzt bitte alle Damen nach vorn' sortiert.

Nun fehlt uns nur noch das Problem mit dem Restaurant. Hier geht es im deutschsprachigen Raum anders zu, als oft im Ausland.

Betritt ein Paar ein Restaurant, dann geht der Herr vor. Wenn Sie es traditionell mögen, dann geht die Dame durch die aufgehaltene Tür, tritt ein Stück beiseite und lässt den Herrn zuerst in das Lokal gehen. Moderner ist es, wenn er gleich die Führung übernimmt. Hintergrund für diese Regel ist übrigens der Gedanke, dass der Mann den möglicherweise hinter der Tür lauernden Drachen erlegt, bevor seine Angebetete eintritt. Die moderere Variante ist, dass der Herr seine Dame vor den neugierigen Blicken der Anwesenden schützen soll. Wenn eine Frau einen Mann zum Essen einlädt – was ja im Berufsleben nicht unüblich ist – dann hat sie selbstverständlich den Vortritt, schon, um mit dem Service die Tischwahl zu besprechen.

Die Regel lautet also: Das Restaurant betritt die rangniedrigere Person zuerst.

21. W

21.1 Wein

Beim Wein scheiden sich die Geister. Der Eine trinkt trockene Rotweine, der Andere liebt den lieblichen Weißwein. Auch bei den Weinen ist die Zeit der strengen Regeln vorbei. Hieß es früher: Rotes Fleisch – roter Wein, weißes Fleisch – weißer Wein, richtet man sich heute eher nach den persönlichen Vorlieben. Es ist längst kein Fauxpas mehr zu Hummer Rotwein zu trinken.

Die Zubereitungsart der Speisen spielt dagegen eine Rolle. Ein spritziger Weißwein passt am besten zu Vorspeisen und mild gewürzten, gekochten Gerichten. Zu gebratenem Fisch oder Fleisch können Sie einen kräftigen Weißwein oder einen leichten Rotwein servieren. Zu intensiv gewürzten Speisen wie Wild oder Gans schmeckt ein kräftiger Rotwein am besten.

Bei der Auswahl der Weinfolge achten Sie darauf, dass Sie leichte Weine vor schweren, trockene Weine vor lieblichen – und jüngere Weine vor älteren servieren.

Die Serviertemperatur der Weine ist sicher auch Geschmackssache, betrachten Sie die folgenden Werte bitte nur als Anhaltspunkte:

14 – 18 Grad	volle Rotweine
10 - 14 Grad	leichte Rotweine, Chardonnay, liebliche Weine, Portwein
6 – 10 Grad	trockene Weiß- und Roséweine, Champagner
4 - 6 Grad	süße Weißweine

In der gehobenen Gastronomie sollten Sie sich bei der Weinauswahl auf den Service, oder den speziell für Weine ausgebildeten Sommelier verlassen können. Auch wenn Sie selbst Weinkenner sind, kann es informativ sein, sich mit einem anderen Fachmann auszutauschen.

Nach der Auswahl kommt der Probeschluck. Der Service wird Ihnen als Gastgeber einen kleinen Probierschluck einschenken, damit Sie sich von der Qualität des Weines überzeugen können. Aber Achtung: Sie testen nur, ob der Wein in Ordnung ist, also beispielsweise keinen Korkgeschmack hat und ob die Temperatur stimmig ist. Die Geschmacksfrage haben Sie schon vorher geklärt.

Im guten Restaurant wird der Service auch die Verantwortung dafür übernehmen, dass Ihr Glas stets gefüllt ist. Zu Hause ist das Ihre Aufgabe als Gastge-

ber. Schenken Sie die Gläser nicht zu voll, Wein braucht Raum, um sein Aroma zu entfalten. Wenn die breiteste Stelle erreicht ist sollten Sie stoppen. Bei großen Gläsern machen Sie nach der Hälfte halt.
Zum Schluss noch die 'Nicht-Zurückkehr-Regel: Wird Ihnen während des Essens nach dem Wein zur Vorspeise der zum Hauptgang ausgewählte eingeschenkt – und Sie trinken diesen Wein auch – bleiben Sie bei dieser Sorte und kehren nicht wieder zum 'Vorspeisenwein' zurück, auch wenn das Glas noch halb voll ist.

21.2 Witze

Was bei feuchtfröhlichen Herrenabenden ein beliebter Zeitvertreib ist, eignet sich bei anderen Gelegenheiten weniger. Witze in Gesellschaft zu erzählen ist gefährlich, denn Sie gehen das Risiko ein, dass damit das Gespräch völlig aus dem Ruder läuft.
Auf einen Witz folgt der nächste, dann noch einer und schon fühlt sich der Erste angegriffen oder diskriminiert. Selbst wenn dies nicht der Fall ist, hat man nach einem Witzmarathon Schwierigkeiten, wieder auf ein normales Gesprächsthema zu kommen. Witze enden häufig in einer Sackgasse der Kommunikation.

Setzen Sie sie sparsam und bewusst ein und dann auch nur, wenn Sie ein begnadeter Witz-Erzähler sind.

22. Z

22.1 Zahnstocher

Es mag ja sehr verlockend sein, aber ein Zahnstocher ist nicht für den Gebrauch bei Tisch gedacht – auch nicht, wenn Sie dezent die Hand vor den Mund halten.
Petersilie zwischen den Zähnen oder Fleischfasern am Backenzahn; gehen Sie in den Waschraum und operieren Sie dort.

22.2 Zigarre

Die Liebhaber guter Zigarren zelebrieren Ihren Genuss. Sie suchen die 'richtige' Zigarre für den entsprechenden Anlass aus, riechen daran, entfernen vielleicht die Bauchbinde (das muss nicht, kann aber) und öffnen das gute Stück. Hierfür gibt es spezielle Werkzeuge, etwa eine zweischneidige Guillotine oder eine Schere.
Jetzt fehlt noch das Feuer. Verzichten Sie auf Benzinfeuerzeuge und Schwefelhölzer, auch hier gibt es spezielles Equipment.

Beim Anzünden wird die Zigarre gedreht, damit sie gleichmäßig anbrennt. Direkter Kontakt mit der Flamme sollte nicht sein.
Nun kann der Genuss beginnen. Kenner rauchen langsam und bedächtig, damit sich das Aroma entfalten kann. Allerdings sammeln sich während des Rauchens auch Bitter- und Schadstoffe am unteren Ende der Zigarren. Rauchen Sie sie also nur bis zu zwei Dritteln und lassen Sie sie dann ausgehen. Sie auszudrücken wäre ein Fauxpas.

22.3 Zuhören

'Zu reden ist uns ein Bedürfnis, zuzuhören eine Kunst', wusste schon der Dichterfürst Johann Wolfgang von Goethe.
Dabei lohnt es sich, manchmal zu schweigen und die Ohren auf Empfang zu schalten. Zuhörer haben die besseren Informationen. Wer aktiv zuhört, lernt eine Menge über Interessen, Erwartungen und Stimmungen des Gegenübers. So haben Sie die Möglichkeit, auf Ihren Gesprächspartner zu reagieren und schaffen eine angenehme Stimmung. Achten Sie auch auf die Stimme Ihres Gegenübers. Wie klingt sie? Gestresst, entspannt, fröhlich, gelangweilt?

Fragen Sie nach, nicken oder lächeln Sie und zeigen so, dass Sie dem Gespräch folgen.
Wiederholen Sie das eben gehörte ruhig in Kurzform, bevor Sie antworten.
Aufmerksam zuhören bedeutet:

- Interesse zeigen
- Blickkontakt halten
- Sich konzentrieren
- Offene Körpersprache
- Nicht nachdenken, was man selbst als nächstes sagen möchte

Zuhörer schonen ihre Kräfte. Wer andere ermutigt sich auszusprechen, nimmt Angriffslust die Spitze.

22.4 Zylinder

Der Zylinderhut ist die einzig passende Kopfbedeckung, wenn Sie einen Frack oder Cut tragen.
Heute ist er eher das Symbol der Zauberer, die das sprichwörtliche Kaninchen daraus hervorzaubern.

Index

Benimm ist in

www.benehmensberatung.de

"Benimm ist in!" lautet das Motto von Marlies Smits. 1999 gründetet sie ihre Benehmensberatung in Großhansdorf, am Standrand von Hamburg. Seitdem hat sie vielen Menschen aller Altersgruppen in lebendigen Vorträgen, Workshops und Seminaren die modernen Spielregeln im Umgang miteinander nahe gebracht. Als selbständige und unabhängige Etikettetrainerin berät und schult sie bundesweit Mitarbeiter namhafter Unternehmen. Nach einer Ausbildung zur Stil- und Imageberaterin fließt auch dieser Bereich mit in ihre Arbeit ein.

Zu ihren Kunden gehören Logistikunternehmen und Banken genau so, wie Industrieunternehmen, Hochschulen, Vereine und Verbände.

Ein weiters Aufgabenfeld ist ihre Dozententätigkeit an der Akademie für Umgangsformen in Hamburg.

Mit dem Newsletter "Benimmtipp des Monat" informiert sie elfmal im Jahr über Wissenswertes und Neues aus der Welt der modernen Umgangsformen.

Sie schreiben?

Wir suchen Autoren!

... lernen Sie uns kennen

und stöbern Sie in unserem Buchshop

www.book-on-demand.de